PASS AUF WAS DU BETEST!

nicht das Gott es noch erhört!

Fynn Lennarz-Kellner

PASS AUF WAS DU BETEST!

nicht das Gott es noch erhört!

Bibliografische Information der Deutschen Nationalbibliothek:
Die Deutsche Nationalbibliothek verzeichnet diese Publikation in der
Deutschen Nationalbibliografie; detaillierte bibliografische Daten sind im
Internet über http://dnb.dnb.de abrufbar.

Verlag: BoD · Books on Demand GmbH,
Überseering 33, 22297 Hamburg, bod@bod.de

Druck: Libri Plureos GmbH, Friedensallee 273, 22763 Hamburg

Soweit nicht anders angegeben, sind die Bibelverse folgender Ausgabe
entnommen: Schlachter Übersetzung – Version 2000 ©2003 Genfer
Bibelgesellschaft.

Weiter wurden verwendet:
Neues Leben. Die Bibel, ©der deutschen Ausgabe 2002 und 2006 SCM R.
Brockhaus in der SCM VerlagsgruppeGmbH, Holzgerlingen.

NeÜ bibel.heute, © Copyright 2003-2021 Christliche Verlagsgesellschaft Dillenburg,
35683 Dillenburg, www.ev-dillenburg.de

Korrektur: Wiebke Bamberg
ISBN: 978-3-7597-8653-1

Ich möchte dieses Buch Hartmut widmen. Ich danke dir für alles, was du für mich getan hast und dafür, dass du mir von diesem Gott erzählt hast. Du bist wie ein Vater für mich und ohne dich wäre ich nicht der Mann, der ich heute bin. Danke Hartmut!

Inhaltsverzeichnis

Vorwort

Beten. Eines der Kernelemente des christlichen Glaubens. Viele beten täglich, ob vor dem Essen, vor dem Schlafengehen oder sonntags in der Kirche. Manche beten sogar den ganzen Tag nebenbei. Täglich werfen wir so viele Worte in den Himmel, aber was ist es eigentlich, was wir da sagen? Was beten wir da wirklich? Machen wir uns bewusst, was wir da genau bitten? Sind wir uns dessen bewusst, was es für uns bedeutet, wenn Gott all unsere Gebete erhört? Diese und weitere Fragen möchte ich in diesem Buch beantworten, um vor allem jungen Menschen zu helfen, in ihrer Beziehung zu Jesus zu wachsen.

Jesus hat gesagt: "Alles, was ihr auch immer im Gebet erbittet, glaubt, dass ihr es empfangt, so wird es euch zuteilwerden!" (vgl. Markus 11,24). Krass oder? Dein und mein Gebet wird erhört, wir müssen nur glauben. Eine weitere Stelle, die besagt, dass wir erhalten, um was wir bitten, finden wir im 1. Johannesbrief.

"Und das ist die Freimütigkeit, die wir ihm gegenüber haben, dass er uns erhört, wenn wir seinem Willen gemäß um etwas bitten."
1. Johannes 5, 14

Das mit dem Willen Gottes erklärt, wieso immer noch kein Ferrari meine Garage schmückt, aber er erhört Gebete und das ist wundervoll. Ich liebe diese Zuversicht, dass meine Gebete ankommen und Gott Interesse daran hat, sie zu erhören, weil er uns so sehr liebt. In den Sprüchen finden wir auch noch eine Stelle, wo es um Erhörung der Gebete geht.

"Der Herr ist fern von den Gottlosen, aber das Gebet der Gerechten erhört er."
Sprüche 15, 29

Als Fazit kann man nur sagen, Gott erhört Gebete. Er hört sich all unsere Gebete an und freut sich an jeder Sekunde, die wir im Gebet verbringen. Also entweder wir glauben das oder wir denken selbst von uns, dass wir nicht gerecht sind, sondern jemand sind, der nicht glaubt, was er da betet. Wofür ist das jetzt wichtig? Naja, wie bereits gesagt, gibt es Gebete oder Dinge, die wir beten, wo wir "vorsichtig" sein sollten, ob wir das wirklich mit "Amen" bestätigen wollen. Selbstverständlich ist es voll gut, das alles zu beten, aber wir sollten bewusster beten und wirklich meinen, was wir da sagen. Dieses Buch soll dir aufzeigen, was du da eigentlich so betest und dich ermutigen, es ganz bewusst zu beten. Also lass mich dich mitnehmen und PASS AUF, WAS DU BETEST!

Einleitung

Wir haben jetzt gelernt, dass Gott unsere Gebete wirklich erhört (-zumindest haben wir das, wenn wir das Vorwort gelesen haben. Demnach hol es lieber nach, falls du dachtest, du überspringst das einfach.) Im ersten Johannesbrief heißt es, dass unsere Gebete mit dem Willen Gottes übereinstimmen sollen. Aber was heißt das und vor allem, was ist sein Wille? Grob gesagt: Gott ist kein Wunschbrunnen. Er gibt uns nicht alles, was wir wollen. Er gibt uns das, was wir brauchen. Häufig wissen wir gar nicht, was wir brauchen.

Wie deine Eltern wussten, was du mit dem Schreien meintest, als du nicht sprechen konntest, versteht Gott unsere Bedürfnisse, selbst wenn wir sie nicht erkennen können. Er ist einfach der gute, liebevolle Papa im Himmel. Das ist so sein Ding. Er meint es immer gut mit uns und unserem Leben. Seine Ideen, Pläne und sein Willen sind besser als die unseren. Aber was ist sein Wille denn jetzt? Wenn ich übereinstimmend mit seinem Willen beten soll, wäre es doch praktisch seinen Willen zu kennen, oder?

"O welche Tiefe des Reichtums sowohl der Weisheit als auch der Erkenntnis Gottes! Wie unergründlich sind seine Gerichte, und wie unausforschlich seine Wege!"

Wie demotivierend möchtest du eine Bibelstelle verwenden? Fynn: JA!

Nein, Spaß beiseite, Gottes Wege sind unergründlich, aber seinen Willen macht er uns offenbar. Ich möchte bei dem Beispiel der Eltern bleiben. Du kennst doch sicherlich deine Eltern oder Erziehungsberechtigten. Es gibt gewisse Fragen, die du nicht fragst, weil du die Antwort schon kanntest. Ein Beispiel aus meiner Kindheit: Wenn ein Kumpel bei mir übernachten wollte, war das nie ein Problem außer unter der Woche, wenn Schule war. Ich kannte die Antwort meiner Mutter, es war immer "NEIN!". Habe ich es trotzdem jedesmal versucht, obwohl ich die Antwort kannte? JA! Es hat aber nie etwas gebracht. Du kennst bestimmt ähnliche Situationen, aber woher weißt du das? Woher wusste ich, was meine Mutter sagen wird? Ich kenne sie einfach und du weißt die Antwort schon, weil du deine Eltern kennst. Den Willen zu kennen, hat etwas damit zu tun, den zu kennen, dessen Willen wir kennen wollen. Satz zu kompliziert? Hier nochmal in deutlich:

Wenn wir Gottes Willen kennen wollen, müssen wir Gott kennen!

Wie geht das am besten? In der Bibel lesen.

In der Bibel offenbart sich Gott und enthüllt uns seine Art und sein Wesen. Wir können ihn kennenlernen und demnach auch seinen Willen. Wir brauchen dann nicht mehr groß ins Gebet gehen, wenn wir uns fragen, ob wir in den Club oder in die Kirche gehen sollen, denn wir wissen, was er sagen würde. An diesem Punkt ist es allerdings wichtig, dass wir seinen Willen kennen wollen. Sonst passiert es, dass dir sein Wille egal ist und dein Lebensfokus woanders liegt. Ist sein Wille für dein Leben, deine Entscheidungen und auch für deine Gebete eher unrelevant? Dann erwarte ich auch keine großen Abenteuer mit Gott, denn die kommen in seinem Plan vor - nicht in unserem. Ich möchte dich ermutigen, Gott richtig kennenzulernen, damit du in seinem Willen beten kannst.

Du hast es schon gebetet!

Ich weiß nicht genau, wie häufig du am Tag betest. Ich habe auch keine Ahnung, wie oft du in die Kirche gehst, aber ich bin mir sehr sicher, dass du dieses Gebet kennst, wenn nicht sogar schon gesprochen hast. So gut wie jeder hat es schon gesprochen und das schon viele Male. Klar, es geht um das "Vater Unser". Wo sollte ich denn da jetzt aufpassen, Jesus hat uns das doch sogar gelehrt, magst du dich jetzt vielleicht fragen. Aber dazu komme ich noch, denn tatsächlich plappern viele es so vor sich hin, ohne genau zu überlegen, was sie da genau ausbeten. Vielleicht fühlst du dich voll angesprochen, vielleicht auch nicht, aber was mir wichtig ist, ist, dass du das "Vater Unser" in einem ganz neuen Bewusstsein betest.

"9Deshalb sollt ihr auf diese Weise beten: Unser Vater, der du bist im Himmel! Geheiligt werde dein Name. 10Dein Reich komme. Dein Wille geschehe, wie im Himmel, so auch auf Erden. 11Gib uns heute unser tägliches Brot. 12Und vergib uns unsere Schulden, wie auch wir vergeben unseren Schuldnern. 13Und führe uns nicht in Versuchung, sondern errette uns von dem Bösen. Denn dein ist das Reich und die Kraft und die Herrlichkeit in Ewigkeit! Amen."
Matthäus 6, 9-13

Jesus hat uns das "Vater Unser" so in der Bergpredigt gelehrt und weil er gesagt hat -"So sollt ihr beten"- haben wir das einfach übernommen. Hast du dich jemals gefragt, was da alles so drin steckt, was es genau bedeutet und vor allem, was es für dein Leben bedeuten würde, wenn Gott es erhört?

Nein? So ging es mir auch lange. Ich bin in der Landeskirche gewesen, musst du wissen. Wir hatten eine lebendige Jugend, aber die Gottesdienste waren öde. Jeden Sonntag haben wir also dieses Gebet gesprochen, aber keiner wusste eigentlich, was er da betete. Ich will auf zwei Punkte besonders eingehen, die du da sonntags mit deinem Amen bestätigst.

"Dein Reich komme. Dein Wille geschehe, wie im Himmel so auf Erden."
Matthäus 6, 10

Dein Wille geschehe! Sicher? Willst du das wirklich? Ich meine, klar ist sein Willen besser, klar ist sein Plan für dich und dein Leben grandios, aber kannst du das wirklich so sagen? Willst du das wirklich ?

Wir Menschen sind sehr egoistisch gepolt. Wir denken gerne an uns. Ich habe mal einen interessanten Satz gehört.

"Wenn jeder an sich selbst denkt, ist an alle gedacht:"

Etwas Wahres ist da ja schon dran, aber es klingt auch sehr einsam. Egoismus macht letztendlich einsam. Dieses Phänomen von Egoismus ist nicht unbekannt. Schon seit jeher sind wir so drauf. Selbst nach Jesus gab es dieses Gedankengut in uns und das auch in Christen wie in Nichtchristen. Paulus schreibt im Philipperbrief über solche Menschen folgendes:

"Denn sie suchen alle das Ihre, nicht das, was Christi Jesu ist!
Philipper 2,21

Sie suchen alle Egoismus und die Selbsterfüllung, sie denken an sich selbst und setzen sich und ihren eigenen Willen an die oberste Stelle. Jesus ist Liebe. Jesus ist, sich selbst zu erniedrigen und zu dienen. Jesus war und ist schon immer gegen den Zeitgeist geschwommen und hat es anders gemacht als die anderen. Egoistisch sein, geht voll klar, aber ist es nicht schöner, wenn alle an dich denken, auf dich Rücksicht nehmen würden und dir beistehen, wenn du jemanden brauchst? Stell dir vor, du bist so jemand, der sich und seinen Willen als oberste Priorität hat. Was passiert, wenn du am Boden bist, wer hilft dir auf? Wer an einer Klippe hängt, kommt schwer aus eigener Kraft wieder hoch. Da ist es deutlich besser, wenn man Menschen um sich herum hat, die an einen denken.

Was ist deine höchste Priorität? Du selbst? Party? Jungs? Jesus? Denk gern darüber nach, denn selbst, wenn es Jesus ist, ist es nicht so leicht, wirklich seinen Willen tun zu wollen. Zumindest, wenn sein Wille nicht mit unserem übereinstimmt. Nämlich dann, wenn du dein Leben schon fertig geplant hast. Job bei Mercedes, heiraten mit 24, Kinder mit 26, das Haus wird mit dem zweiten Kind gebaut und zwischendrin wird viel gebetet. So ist das zwar sehr schön, aber was ist, wenn Gottes Wille so gar nicht mit deinem übereinstimmt? Was ist, wenn er sagt, du bleibst bis 34 Single und verkündigst das Evangelium im Amazonas und schläfst unter Palmen? Was ist, wenn er dir etwas sagt, was du dir anders vorgestellt hast? Kennst du den reichen Jüngling? Falls ja: Gut. Falls nein, hier nochmal zum Lesen:

"16Und siehe, einer trat herzu und fragte ihn: Guter Meister, was soll ich Gutes tun, um das ewige Leben zu erlangen? 17Er aber sprach zu ihm: Was nennst du mich gut? Niemand ist gut als Gott allein! Willst du aber in das Leben eingehen, so halte die Gebote! 18Er sagt zu ihm: Welche? Jesus aber sprach: Das »Du sollst nicht töten! Du sollst nicht ehebrechen! Du sollst nicht stehlen! Du sollst nicht falsches Zeugnis reden! 19»Ehre deinen Vater und deine Mutter!« und »Du sollst deinen Nächsten liebenwie dich selbst!« 20Der junge Mann spricht zu ihm: Das habe ich alles gehalten von meiner Jugend an; was fehlt mir noch? 21Jesus sprach zu ihm: Willst du vollkommen sein, so geh hin, verkaufe, was du hast, und gib es den Armen, so wirst du einen Schatz im Himmel haben; und komm, folge mir nach! 22Als aber der junge Mann das Wort hörte, ging er betrübt davon; denn er hatte viele Güter."
Matthäus 19, 16-22

Der reiche Jüngling wollte alles tun, um das ewige Leben zu bekommen. Er wollte Gottes Willen tun und dachte, er wäre bereit, doch Gottes Wille war zu weit weg von seinem eigenen. Es ist gar nicht so leicht "Dein Wille geschehe" zu beten, weil manchmal sein Wille nicht in unseren Kram passt oder unbequem für uns ist.

.

> "Ich war einmal im Zug unterwegs und hatte Uniform an (Bundeswehr). Ich las ganz gemütlich ein Buch als ein junges Mädchen in den Zug stieg und sich in die Bank neben mich setzte. Ihre Arme hatten lauter Narben und ich hatte das Bedürfnis für sie zu beten. Ganz still für mich habe ich also gebetet, als Gott zu mir sprach: "Gib ihr das Heft." (Es ging um so ein Evangelisationsheft, wo jemand aus seinem Leben mit Gott erzählt etc..) Gottes Wille war klar: "Schenk ihr das." Meiner war dagegen, denn in Uniform ist das nicht so erlaubt. Zudem war es ein Mädchen, was ich merkwürdig fand. Und noch eine Ausrede und noch eine Ausrede, die mir durch den Kopf schwirrte. Du weißt bestimmt, was ich meine. Naja, ich habe also mit Gott gerungen, wie und ob ich das mache. Wie jeder gute Beter, der sagt, "Dein Wille geschehe.", bin ich aufgestanden und gegangen. Ich habe sie höflich gefragt, ob sie ein Auge auf meine Taschen werfen könne und bin aufs Klo gegangen. Das Ringen ging weiter. Als ich zurückkam, gab ich ihr das Heft sozusagen als Dankeschön."

Es ist einfach, "dein Wille geschehe" zu sagen, solange er zu uns passt. Von dem reichen Jüngling hören wir nichts mehr in der Bibel. Seine Geschichte ist nur ein paar Verse lang. Bei mir war es ein richtiger Kampf, aber ich bin Gott dankbar, dass er mir Mut gegeben hat und ich meine Geschichte mit ihm weiter schreiben darf. Sei immer gefasst darauf, dass Gottes Wille ganz anders ablaufen kann als deiner und dann heißt es zu vertrauen. Wie dieses

"Dein Wille geschehe " richtig gelebt wird, sehen wir bei Abraham. In 1. Mose 22 lesen wir davon, wie Gott von Abraham verlangt, seinen geliebten und lang ersehnten Sohn Isaak zu opfern. Allerdings steht da nichts von einer Diskussion mit Gott, wie bei mir im Zug. Da steht:

"2Und er sprach: Nimm doch deinen Sohn, deinen einzigen, den du lieb hast, Isaak, und geh hin in das Land Morija und bringe ihn dort zum Brandopfer dar auf einem der Berge, den ich dir nennen werde! 3Da stand Abraham am Morgen früh auf und sattelte seinen Esel; und er nahm zwei Knechte mit sich und seinen Sohn Isaak; und er spaltete Holz zum Brandopfer, machte sich auf und ging hin an den Ort, den ihm Gott genannt hatte."
1.Mose 22, 2-3

Abraham ist einfach losgegangen. Er hat Gottes Willen vernommen, über seinen gestellt und demnach gehandelt.

"Und Abraham streckte seine Hand aus und fasste das Messer, um seinen Sohn zu schlachten."
1.Mose 22, 10

Gott hat dieses Vertrauen und den Gehorsam von Abraham belohnt. Ein Engel sprach zu ihm und hielt ihn auf, plus sie bekamen noch einen Widder, um diesen zu opfern. Ganz nebenbei -ohne diese Aktion von Abraham-würden wir den Generationssegen nicht haben. Den haben wir nur, weil Abraham -"Dein Wille geschehe-" ernst genommen hat. Kannst du das auch? Deinen Willen so zurückzustellen, dass du alles hergeben kannst, was dir lieb und teuer ist? Oder bist du eher wie der Jüngling und gehst traurig weg? Natürlich müssen wir nicht alle unsere Kinder opfern. Es kann aber sein, dass du dein wichtigstens geben sollst. Also das was dir am wichtigsten ist und bei Abraham war es sein Sohn. Irgendwann kommt auf deinem Lebensweg mit Gott eine Gabelung und dann kommt es darauf an, ob du das "Dein Wille geschehe" ernst gemeint hast. Wichtig ist auch, seinem Willen zu vertrauen. Gott offenbart uns seinen Willen in der Bibel, aber er erklärt ihn uns nicht immer.

"sondern so hoch der Himmel über der Erde ist, so viel höher sind meine Wege als eure Wege und meine Gedanken als eure Gedanken."
Jesaja 55, 9

Seine Gedankengänge sind so viel höher als unsere. Er denkt viel weiter und hat die Weitsicht, die uns häufig fehlt. Wenn du den Gotteswillen zum Thema "Sex vor der Ehe" befragst, wirst du feststellen, dass er es nicht gutheißt. Wieso und was da alles dahintersteckt, sagt er dir nicht. Du musst da einfach vertrauen. Auch wenn er dir nicht alles erläutert, ist sein Willen gut und seine Gedanken haben immer eine gute Absicht für dich und dein Leben. Vertrauen bedeutet, dass wir ihm glauben, auch ohne alles zu wissen. Vertrau ihm und seinem Willen, denn sein Wille für dich und dein Leben ist gut!

"Dein Wille geschehe" ist "gefährlich" zu beten und ich hoffe, du hast jetzt verstanden wieso, denn es kann uns alles kosten, wenn wir es ernst meinen und Gott dabei auch vertrauen wollen. Sein Willen ist gut und immer besser als unserer, aber manchmal auch unangenehm, ob du dein Vermögen oder deinen Sohn opfern sollst oder ob du etwas im Zug verschenken sollst. Wenn du sagst, Gottes Wille soll geschehen, wird er irgendwann darauf zurückkommen. Bist du bereit, seinen Willen voll und ganz über deinen eigenen zu stellen?

Sicher?

Das Vaterunser ist schon ein harter Brocken und wir beten den voll unüberlegt einfach mit. Amen ist das gefährlichste, das man überhaupt nur sagen kann (Dies ist eine bewusst gewählte, maßlose Übertreibung!). "So sei es"! Sicher? Nachdem wir jetzt wissen, was es für uns bedeuten kann, können wir "dein Wille geschehe" von Herzen mit Amen bestätigen. Aber es gibt noch eine andere Stelle in diesem Gebet, die wir nicht ohne weiteres beten sollten. Es geht um Vergebung. Vergebung ist das Beste, das es gibt, denn dank ihr können wir in Gemeinschaft mit Gott leben. Danke Jesus! Jesus hat viel über Vergebung gesagt und vor allem auch ausgesprochen.

"Als aber Jesus ihren Glauben sah, sprach er zu dem Gelähmten: Sohn, deine Sünden sind dir vergeben!"
Markus 2, 5

Eiskalt sagt Jesus, dass seine Sünden ihm vergeben sind. Die Pharisäer stört das sehr, die regt das richtig auf, denn sowas gab es nicht. Es gibt Gesetze und an die muss man sich halten. Vergebung ist nicht so einfach. Zumindest war es nicht so einfach, bis Jesus für unsere Sünden gestorben ist.

"23denn alle haben gesündigt und verfehlen die Herrlichkeit, die sie vor Gott haben sollten, 24sodass sie ohne Verdienst gerechtfertigt werden durch seine Gnade aufgrund der Erlösung, die in Christus Jesus ist."
Römer 3, 23-24

Sola Gracia. Allein durch Gnade sind wir errettet, weil Gott gesagt hat: "Du bist mir so wichtig, dass ich meinen einzigen Sohn gebe, für DICH!" Diese Gnade haben wir uns nicht verdient und können wir auch nicht. Gott liebt uns einfach und deshalb ist, uns darüber freuen und dankbar sein, die beste Option. Wenn wir versuchen würden, uns diese Gnade irgendwie zu verdienen, enden wir im Scheitern, in Schmerz und Dunkelheit. Wir können es nicht und das ist der Punkt an Gottes Gnade und Liebe. Sie ist einfach bedingungslos. Das bedeutet, dass du gar nichts dafür tun kannst, dass du sie bekommst. Eltern lieben ihre Kinder und das nicht weil sie irgendwas geleistet haben, sondern weil es ihre sind. Wie viel mehr geht es da wohl dem Gott, der dich gemacht hat und jedes Haar auf deinem Kopf gezählt hat? Du hast nichts für deine Gnade getan und das brauchst du auch nicht.

Wieso sollte Vergebung jetzt aber so "gefährlich" sein, zu beten? Es ist doch toll, dass Gott uns vergibt. Ja, wir müssen dieses Geschenk der Vergebung einfach nur annehmen, oder? Gott sieht dein Herz (vgl. 1. Samuel 16,7) und er sieht auch, ob du es ernst meinst. Wenn du zu Gott sagst: Vergib mir, dass ich geklaut habe, aber schon den nächsten Diebstahl planst, ist das wohl sehr widersprüchlich. Wenn du es ernst meinst, dann wird Gott dir vergeben. Wir sollen uns unsere Sünden eingestehen und bekennen.

"Wenn wir aber unsere Sünden bekennen, so ist er treu und gerecht, dass er uns die Sünden vergibt und uns reinigt von aller Ungerechtigkeit."
1.Johannes 1, 9

Erst wenn wir uns eingestehen, dass wir etwas falsch gemacht haben, kann Gott wirken und vergeben. Häufig sagen wir so notgedrungen "Entschuldigung", obwohl uns unsere Schuld nicht einmal bewusst ist. Und das nur, weil die Gesellschaft uns das so beigebracht hat. Weißt du was "bekennen" heißt ? Ja?, nein?, vielleicht? Kein Problem! Ich erkläre es dir an einem Beispiel, dass ich auf einer Konferenz oder in einer Predigt gehört habe. Ich weiß leider nicht mehr von wem oder wo.

Ein kleines Mädchen steht auf einer Brücke und wirft Steine auf die darunter fahrenden Autos. Als der Vater sie anspricht und ihr sagt, dass es falsch ist, antwortet sie: "Entschuldigung, Papa." Ist das bekennen? Nein, das ist das, was wir oft machen. Einfach "Entschuldigung, Papa" sagen und das war es dann. Wenn sie sagen würde: " Papa, du hast recht, das war falsch von mir, tut mir leid", ist es immer noch kein bekennen aber zumindest schon das eingestehen, dass sie etwas falsch gemacht hat. Bekennen heißt benennen, was wir falsch gemacht haben, uns unsere Fehler eingestehen und uns diese selbst nochmal vor Augen führen. In unserem Beispiel könnte das ungefähr so aussehen: "Papa, du hast recht. Ich habe Steine auf Autos geworfen und das war falsch von mir. Es tut mir leid." Siehst du den Unterschied? Vielleicht merkst du jetzt, dass du noch nie etwas ehrlich bekannt hast. Dann ist jetzt deine Chance, bekenne deine Schuld vor Gott. Es kann auch sehr helfen, vor jemand anderem zu bekennen. Vielleicht vor einem Freund oder einem Vertrauten, der danach mit dir betet. Es tut gut und macht das Herz frei, wenn wir anfangen zu bekennen. Probier es mal aus, am besten direkt jetzt. JETZT! Los, mach schon, ich kann kurz warten. Dir fällt bestimmt etwas ein, falls du jetzt sagst, du hast da nichts, hast du gelogen und kannst das bekennen. Siehste, ich helfe, wo ich kann.

Die Wichtigkeit von Vergebung finden wir auch schon im Vaterunser inbegriffen. Was brauchst du zum Leben? Luft, Essen, Trinken, Kleidung, vielleicht noch ein Dach über dem Kopf. Grob gesagt: Versorgung. Gott ist ein Versorger, der beste Versorger! Ob er Elia über Krähen und Witwen versorgt (vgl. 1. Könige 17, 1-9) oder ob er sich um die Israeliten kümmert, während sie durch die Wüste wandern.

"Du versorgtest sie 40 Jahre lang in der Wüste, dass ihnen nichts mangelte; ihre Kleider zerfielen nicht, und ihre Füße schwollen nicht an."
Nehemia 9, 21

Gott will dich versorgen. Er will sich um dich kümmern und dafür sorgen, dass es uns an nichts mangelt. Er kümmert sich darum, dass wir täglich das haben, was wir zum Leben brauchen.

"Unser tägliches Brot gib uns heute"

Er weiß was wir brauchen und wenn wir das beten, dann kümmert er sich liebend gern für uns darum. Was das mit Vergebung zu tun hat, möchte ich dir gern erklären, denn der Satz geht ja noch weiter

"Unser tägliches Brot gib uns heute und vergib uns unsere Schuld."

Jesus stellt die Versorgung, also das, was wir zum Leben brauchen, mit Vergebung gleich, denn nur so können wir das ewige Leben erhalten. Für uns Christen ist die Vergebung so wichtig wie das Essen, das unseren Hunger stillt oder das Wasser, das unseren Durst löscht. Vergebung ist kein Bonus sondern der Schwerpunkt unseres Glaubens. So wie wir täglich essen und trinken, sollten wir auch täglich unsere Schuld bekennen und Vergebung empfangen. Grandios, jetzt weißt du, warum Vergebung so wichtig ist und kannst das in einem ganz neuen Bewusstsein beten. Doch leider kommt da noch der Part, wo ich dir sagen muss, sei vorsichtig, ob du das "Vater Unser" mit Amen bestätigst. Denn es geht nicht nur um deine Vergebung sondern auch um dein Vergeben. Du hast geahnt, dass noch was kommt. Das wäre auch sonst zu einfach.

"11Schenk uns heute unser tägliches Brot 12und vergib uns unsere Schuld, wie auch wir denen vergeben haben, die an uns schuldig geworden sind."
Matthäus 6,11-12 (NLB.)

"Und jetzt?", fragst du dich vielleicht, weil du die Stelle schon kennst. Du hast es schon häufig gebetet und es ist doch gut, wenn wir beten, dass wir auch vergeben wollen, oder? Das steht da doch. oder? Das ist doch das, was wir beten, oder? Ich muss dir leider sagen, dass das hier eigentlich das härteste ist, was wir über uns selber ausbeten.

"Vergib uns unsere Schuld, wie auch wir vergeben unseren Schuldigern."

Das ist die am häufigsten verwendete Form heutzutage. Zumindest habe ich keine andere gehört. Aber was beten wir da eigentlich, wenn es nicht meint, dass Gott uns helfen soll, zu vergeben?

Lass dir diesen Teil des Vaterunsers mal auf der Zunge zergehen. Vergib uns unsere Schuld, WIE AUCH WIR VERGEBEN unseren Schuldigern. Das, was du da betest, bedeutet in jung deutsch übersetzt. Gott, vergib' mir in dem Maß, wie ich anderen vergebe. Nichts mit helfen oder lass mich vergeben. NEIN! So wie du anderen vergibst, so soll dir Gott vergeben. Das ist das, was du betest, das ist das, was du sonntags mit Amen bestätigst. Merkst du was? Das zu beten ist riskanter als über die Autobahn zu laufen, weil wir Egoisten nicht so gern vergeben.

"24Und als er anfing abzurechnen, wurde einer vor ihn gebracht, der war 10 000 Talente schuldig. 25Weil er aber nicht bezahlen konnte, befahl sein Herr, ihn und seine Frau und seine Kinder und alles, was er hatte, zu verkaufen und so zu bezahlen. 26Da warf sich der Knecht nieder, huldigte ihm und sprach: Herr, habe Geduld mit mir, so will ich dir alles bezahlen! 27Da erbarmte sich der Herr über diesen Knecht, gab ihn frei und erließ ihm die

Schuld. 28Als aber dieser Knecht hinausging, fand er einen Mitknecht, der war ihm 100 Denare schuldig; den ergriff er, würgte ihn und sprach: Bezahle mir, was du schuldig bist! 29Da warf sich ihm sein Mitknecht zu Füßen, bat ihn und sprach: Habe Geduld mit mir, so will ich dir alles bezahlen! 30Er aber wollte nicht, sondern ging hin und warf ihn ins Gefängnis, bis er bezahlt hätte, was er schuldig war. 31Als aber seine Mitknechte sahen, was geschehen war, wurden sie sehr betrübt, kamen und berichteten ihrem Herrn den ganzen Vorfall. 32Da ließ sein Herr ihn kommen und sprach zu ihm: Du böser Knecht! Jene ganze Schuld habe ich dir erlassen, weil du mich batest; 33solltest denn nicht auch du dich über deinen Mitknecht erbarmen, wie ich mich über dich erbarmt habe? 34Und voll Zorn übergab ihn sein Herr den Folterknechten, bis er alles bezahlt hätte, was er ihm schuldig war."

Matthäus 18, 24-34

Na, erkennst du dich wieder? 10 000 Talente sind nicht mit Euro oder so zu vergleichen. Es geht hier um eine Summe, die nicht rückzahlbar ist, niemals hätte der Knecht das zahlen können. Es geht hier um eine Schuld, die nicht wieder gutzumachen ist. Kommt dir bekannt vor? Vor allem die Gnade kommt einem sehr bekannt vor. Du bist der Knecht und Gott hat dir alle Schuld aus Gnade erlassen. GNADE, nicht weil du es verdient hast, sondern weil er dich liebt. Wie gehst du jetzt damit um? Also, du hast die Wahl, ob du auch vergeben möchtest oder ob du darauf verzichten möchtest. Falls du eher zu dem Zweiten tendierst, möchte ich nur darauf hinweisen, dass das Gleichnis noch weiter geht.

"So wird auch mein himmlischer Vater euch behandeln, wenn ihr nicht jeder seinem Bruder von Herzen seine Verfehlungen vergebt."
Matthäus 18, 35

Krass wie das alles zusammenhängt! Gott sieht das Herz, er sieht, ob wir etwas ernst meinen und er vergibt uns, aber halt so, wie wir auch anderen vergeben. Es mag die Frage aufkommen, ob ich mir da sicher bin, dass das im "Vater Unser" auch so gemeint ist und voller Überzeugung kann ich dir sagen: JA! Das "Vater Unser" steht in Matthäus 6,9-13. Weißt du, was danach kommt? Weißt du, was Jesus direkt danach gesagt hat?

"14Denn wenn ihr den Menschen ihre Verfehlungen vergebt, so wird euer himmlischer Vater euch auch vergeben. 15Wenn ihr aber den Menschen ihre Verfehlungen nicht vergebt, so wird euch euer Vater eure Verfehlungen auch nicht vergeben."
Matthäus 6, 14-15

Hart aber fair! Ich weiß, es tut weh. Ich weiß das zu lesen, kann ganz schön wehtun und vor allem zu begreifen, was es bedeutet, wenn du das gebetet hast. Ich meine, dass du Gott gesagt hast: "Vergib mir, so wie ich den anderen vergeben habe." Ich kenne dich nicht, aber ich weiß, dass es nicht leicht ist, zu vergeben. Wusstest du aber, dass die Vergebung gar nicht nur für die anderen ist, sondern auch für uns. Wenn du anderen vergibst, für das, was sie dir angetan haben, dann kann dein Herz anfangen zu heilen. Denn solange du Groll hegst, kann dein Herz nicht heilen. Du hältst dich sozusagen an dem fest, was dich verletzt. Eine Freundin von mir hat das genauso erlebt, hier ist ihre Story:

> "Ich hatte extreme Probleme meiner früheren besten Freundin zu vergeben, weil sie nicht einmal Einsicht zeigen konnte und sich bis zum heutigen Tag im Recht sieht für all die inneren Verletzungen. Ich hab nicht loslassen können und wollte, dass sie genau das spürt, was mir angetan wurde. Ich wollte -kurz gesagt- Rache. Aber das hat mich verbittert gemacht. Ich wollte loslassen, aber ich konnte nicht, denn indem ich ihr Vergebung vorenthalten habe, habe ich mich selbst krank gemacht. Der Schmerz hat sich nur noch tiefer in mir verankert. Als ich angefangen habe, mein Recht auf Rache Gott abzugeben und ihr zu vergeben, habe ich mich verändert. Denn Vergebung ändert nicht die Person, die dich verletzt hat, sondern die Vergebung verändert dich!"

Wir kennen alle solche Geschichten, wo wir lieber Rache statt Liebe wählen, wo wir Zorn über Gnade stellen. Aber was willst du mit Schmerz in deinem Leben? Nichts, stimmt's? Dann fange an zu vergeben. Ich weiß, dass es schwer ist. Du brauchst nicht zu diskutieren. Der beste Weg ist, anzufangen. Sprich es aus im Gebet und das jeden Tag, bis dein Herz losgelassen hat. Gott wird dir helfen, denn das ist sein Wille und hast du nicht gebetet, sein Wille soll geschehen? Im Anhang findest du ein Gebet, das du einfach sprechen kannst, wenn es dir schwefällt das jetzt zu formulieren.

Ich will dich ermutigen, das wirklich laut auszubeten, um eine Endgültigkeit dahinter zu bestätigen. Falls du jetzt denkst, dass das doch gar nichts gebracht hat und du die Person genauso wenig leiden kannst wie zuvor, wiederhole das einfach täglich. Wenn nicht sogar noch öfter und du wirst merken, wie es dir immer leichter fällt. Denk daran: Jesus ist für dich gestorben. Aus reiner Gnade wurde dir deine Schuld vergeben und Jesus ist genauso für die Schuld der anderen gestorben. Also auch für die Schuld, die dir angetan wurde. Wieso solltest du dann irgendwas einfordern wollen, vergib und lass dein Herz heilen.

Vergebung tut gut und vergeben ist anstrengend, aber es geht miteinander einher und Jesus selbst hat uns gelehrt, dass wir es so beten sollen. Ich hoffe, du kannst dich jetzt reflektieren und der Heilige Geist zeigt dir auf, was du noch vergeben solltest. Du schaffst das, da bin ich mir sicher. Irgendwann kannst du auch Vergebung vor den Leuten aussprechen und ich kann dir sagen, dass es das Leben deines Nächsten verändern kann.

"Ich hatte lange mit Groll in meinem Herzen zu kämpfen und ich konnte es einfach nicht heilen lassen. Ich wurde betrogen und habe Nachrichten gefunden, die mir mein Herz zerrissen haben. Ich konnte, vielleicht auch eher wollte, es nicht vergeben. Irgendwann nach viel Gebet und Gesprächen mit Menschen konnte ich mich überwinden und habe angefangen, die Vergebung auszubeten. Es hat mir gut getan und mein Herz konnte heilen. Nach einiger Zeit habe ich meinen Mut zusammengenommen und habe der Person geschrieben, dass ich ihr vergeben habe und habe ihr von Jesus erzählt. Ich glaube, es hat ihr auch sehr gut getan, zumindest hat die Reaktion das gezeigt."

Vergib', es verändert dein Leben und kann auch das deiner Mitmenschen verändern. Wenn du möchtest, dass dein Herz heilt, fang damit an. Es gibt keinen Grund, das vor sich herzuschieben. Denn der Groll in unserem Herzen trennt uns von Gott. Gott möchte, dass wir nah an seinem Herzen sind. Und du hast schließlich gebetet, Dein Wille geschehe und vergib mir, wie ich anderen vergebe!

Fokus und Ferngläser

"Gottes Willen erkennen" habe ich bereits angeschnitten. Es gibt auch Fragen, auf die wir die Antwort schon kennen, bevor wir Gott überhaupt fragen müssen. Stell dir vor, du wirst auf eine Party eingeladen. Am selben Abend ist auch ein Lobpreisabend. Wenn du jetzt Gott fragen würdest, ob du den Lobpreisabend sausen lassen sollst oder ob du später zur Party gehen sollst, was würde seine Antwort wohl sein? Was bringt dich näher an sein Herz? Und was denkst du, ist sein Wille? Natürlich möchte er, dass du näher an sein Herz kommst, dass du deinen Fokus auf ihn richtest. Demnach solltest du selbstverständlich zum Lobpreisabend gehen. Einfach! Wie wir seinen Willen, besser kennenlernen können, habe ich in der Einleitung aufgeklärt, falls du es dir zwischen den letzten paar Seiten dennoch nicht merken konntest hier eine kleine Erinnerung:

Wenn du Gottes Willen kennen möchtest, musst du Gott kennen!

Also: Bibellesen und beten. Es meint also: Gott kennenlernen und verstehen, wer er ist und was er über dich und dein Leben denkt. Dieses System mit seinem Willen funktioniert zwar sehr gut -bei Entscheidungen und Fragen- allerdings nicht bei allen. Ein Entscheidungssystem, bei dem das funktioniert, ist das System von Fokus.

Stell dir ein Fernglas vor. Ferngläser haben die Besonderheit, dass sie weit in die Distanz vergrößern können und uns helfen, die Dinge klar zu sehen, die für das bloße Auge zu weit entfernt sind. Natürlich kann man auch Dinge betrachten, die nah dran sind, die dann stark vergrößert werden. Du kannst aber nicht alles klar sehen. Du musst das Fernglas auf etwas fokussieren, damit es effektiv ist. Wenn du etwas betrachtest, wie einen Marienkäfer drei Meter von dir entfernt, wird dir auffallen, dass du die Scheune 250 Meter vor dir nur verschwommen sehen kannst. Wieso sage ich dir das jetzt? Ganz einfach, weil du das Fernglas deines Lebens auch auf etwas fokussieren musst. Du kannst es auf Geld, auf Liebe und Beziehung, aber auch auf Party, Drogen, Alkohol ausrichten. Es gibt noch viel mehr. Aber ich denke, es reicht um dir die Vielfalt von Möglichkeiten aufzuzeigen und du kannst dich eventuell auch wiedererkennen. Du kannst deinen Fokus nur auf eine Sache einstellen, alles andere wird verschwimmen. Also stellst du deinen Fokus auf Jesus oder lieber auf etwas anderes?

"Trachtet vielmehr nach dem Reich Gottes, so wird euch dies alles hinzugefügt werden!"
Lukas 12, 31

Im Lukasevangelium, Kapitel 12, in den Versen 22 bis 34, geht es um das Sorgen machen. Hast du dir schon einmal Sorgen gemacht? Schule? Beziehung? Arbeit? Dir fallen wahrscheinlich hunderte Sachen ein. Aber Jesus sagt hier ganz klar, worauf unser Fokus liegen soll. Er sagt, dass Sorgen uns überhaupt nichts bringen. Sorgen bringen dich nicht weiter. Gott ist dein Versorger. Zumindest möchte er das sein, wenn du ihn lässt. Du musst ihm nur Vertrauen. Und wie geht das? Indem wir unseren Willen zurücknehmen, uns nicht sorgen, sondern nach seinem Reich trachten. Gottes Verheißungen sind Wahrheit, daran solltest du dich gewöhnen. Was er zusagt, das gilt nicht nur mir oder nur den Israeliten oder nur dem einen Prediger. NEIN! Es gilt genauso dir. Also, wenn du nach seinem Reich trachtest, wenn das dein Fokus ist, dann wird er dir den Rest, den du brauchst, hinzufügen. Das ist eine Versorgung im Sinne von Essen und Trinken, aber auch Beziehung, ob Freunde oder Partner, Arbeit, ein Dach etc.… eben der Rest. Gott weiß schon, was er damit meint. Du wirst das dann schon sehen, wenn er dir den Rest hinzufügt.

"Denn wo euer Schatz ist, da wird auch euer Herz sein."
Lukas 12, 34

Oder in unserem Bild gesprochen:

Denn worauf du deinen Fokus richtest, da wird dein Herz sein!

Halte nicht fest an den Sorgen und den vergänglichen Dingen dieser Welt, sondern an dem, der ewig Bestand hat und für DICH gestorben ist. Richte deinen Fokus auf Gott allein, denn alles andere bricht irgendwann weg. Einem Freund von mir ist genau das passiert:

"Es fing damit an, als ich den mittleren Schulabschluss im Jahre 2020 absolviert und bestanden hatte. Ich habe, seit ich in die achte Klasse ging, ein Ziel gehabt und zwar zur Bundeswehr oder Polizei zu gehen. Seitdem habe ich den Fokus meines Lebens genau darauf fokussiert, ohne jemals Jesus überhaupt gefragt zu haben. Ich habe so viel Kraft und Zeit in dieses Ziel gesetzt. Ich bewarb mich voller Freude bei der Bundeswehr. Alles lief super, bis ich einen Brief mit einer Absage bekam. Es hat mich kaum geärgert, weil ich mich noch bei der Polizei bewerben konnte und somit schickte ich die Bewerbung ab. Die Zeit verging und es kam ein Brief und es war wieder eine Absage. Ich dachte mir, das kann doch nicht sein, ich wollte es nicht wahrhaben, dass es nicht Gottes Wille war. Ich habe sogar dafür gebetet, dass Gott das so machen sollte. Ich bewarb mich jeweils 2-3 Mal bei der Polizei und Bundeswehr, auch in verschiedenen Bereichen: Landespolizei, Bundespolizei sowie beim Bund: Fallschirmjäger, Militärpolizei und Panzergrenadier, weil ich so ein ehrgeiziger Junge bin und meinen Fokus nicht verlieren wollte. Nach so vielen Versuchen wurde ich immer noch nicht angenommen. Ab hier war ich am Ende und ich wusste nicht mehr, was ich machen sollte, ich hatte keine Ziele mehr. Mein Fokus ist weggebrochen. Ich wandelte im Dunkeln, ohne nach Jesus zu rufen, obwohl Jesus alles hatte, was ich wirklich brauchte und obwohl Jesus mein Sinn des Lebens sein sollte. Er war der beste Fokus, den ich mir setzen konnte, aber ich hatte trotzdem versucht, meinen eigenen Weg zu gehen. Ich absolvierte verschiedene Nebenjobs wie zum Beispiel im Lagerdienst (Lagermitarbeiter) in drei verschiedenen Unternehmen, Getränkelieferant sowie in zwei Bäckereien und nichts davon hat mich erfüllt, weil ich nicht auf Jesus schaute und weil mein Fokus auf etwas anderem lag. Nach längerer Zeit bewarb ich mich 2022 für die Ausbildung bei einem Subunternehmen im Bereich Fachkraft für Schutz und Sicherheit (Sicherheitsdienst) und machte eine Ausbildung, die drei Jahre ging, leider auch vergebens, denn es ging alles bergab, es ist alles weggebrochen, alles lief schief, ich war gesundheitlich am Ende und musste nach einem Jahr abbrechen. Ich dachte auch schon, mit Sport (professionell) Geld verdienen zu können, weil ich auch noch Weltmeister werden wollte. Ich betreibe schon seit fast zwölf Jahren Ringen und seit drei Jahren Sambo. Ich trainierte jeden Tag jeweils zweimal morgens und abends. Das war auch ein Fokus den ich in meinem Leben gesetzt habe und Gottes Willen vorgezogen habe. Ich hatte nicht einmal richtig Zeit für meine persönliche Beziehung mit Jesus. Alles, was ich mir vorgenommen hatte, brach vor meinen Augen zusammen. Ab hier war ich gebrochen. Eines Abends, als ich zu einer christlichen Veranstaltung mit unserer Jugend gegangen bin, bekam ich den Durchbruch meines Lebens, wo Gott mich radikal veränderte. Während des Lobpreises fing ich an mit Gott zu reden und dann schoss es mir durch den Kopf. Die Aussage: ,,Was bringt es dir, die Welt zu gewinnen, wenn du dein Leben verlierst, denn die Welt ist vergänglich (vgl. Markus8,36)". Dann brach ich in Tränen aus und bat Gott um Vergebung, dass ich meinen Fokus nicht auf ihn gesetzt habe, sondern auf all die anderen Dinge und dass diese Dinge zu meinen Götzen wurden. Ich bat Jesus, dass er mir zeigt, für was er mich bestimmt hat und was sein Wille ist. Ich war so dankbar, dass ich Jesus neu begegnen konnte."

Der falsche Fokus bringt uns dazu, falsche Entscheidungen zu treffen, die uns von Gott entfernen. Wenn wir unseren Fokus voll und ganz auf Jesus ausrichten, fällt es uns leichter, Entscheidungen zu treffen, wenn wir es nach folgendem Schema machen. Unserem Ziel, unseren Fokus wollen wir immer näher kommen. Das heißt, für deine Entscheidungen, dass du dir bei jeder einzelnen die Frage stellen musst:

Bringt es mich näher an mein Ziel/näher zu Jesus ?

Bringt es mich weg von meinem Ziel/weg von Jesus ?

Ist es vollkommen irrelevant für meinen Fokus?

Zur Verdeutlichung ein Beispiel, was du schon kennst. Wir kommen zurück zu der Frage, ob wir den Lobpreisabend sausen lassen oder später zur Party gehen. Wir gehen das jetzt einfach mal durch. Bringt dch der Lobpreisabend näher zu Jesus? Ja, weil du in seine Gegenwart kommst und mit ihm Zeit verbringst. Wenn du ihn sausen lässt und direkt zur Party gehst, würde dich das von Jesus wegbringen? Bitte sei aufrichtig. Wir wissen beide, wie Partys ablaufen und dass du sehr wahrscheinlich nicht nur Wasser trinken wirst. Also hier ist ein klares Ja! Du bist unter Trinkern und selbst, wenn du nicht mit trinkst, wird es dich von Jesus wegziehen.

Ich trinke gerne mal ein Bier mit meinen Freunden und früher, als ich noch nicht in der neuen Schöpfung gelebt habe, waren das auch gerne mal ein paar mehr. Es gab auch harten Alk, also Schnaps, Wodka und ähnliches

Zeug. Als ich dann aber anfing Jesus von Herzen nachzufolgen und als ich angefangen habe, meinen Fokus auf ihn zu richten, habe ich immer wieder gemerkt, wie dieser Umgang mir nicht gut tut. Auf meiner Arbeit haben wir einen Art kleine Bar. Ich komme gern mit hinunter für "nachdienstliche" Gespräche und ich stoße auch gerne an mit meinen Kameraden. Nur nach der ersten halben Stunde merke ich meistens, wie die Gespräche zum Lästern mutieren und das Niveau der Aggressivität zunimmt. Natürlich mag ich alle Leute, aber ihr Verhalten mag ich nicht. Ich mag es nicht, dass ich anfange, mitzubrüllen, selbst wenn es nur Spaß ist, weil es mich von Jesus wegzieht und mich von meinem Fokus abbringt.

Du musst dir immer die Frage stellen und ehrlich sein, ob es dich näher zu Jesus bringt oder dich wegzieht! Ich habe das erkannt und gehe nur noch hinunter zum Anstoßen und gehe dann hoch zum Bibellesen. Ich habe meine Möglichkeit gefunden, wie ich trotzdem näher zu Jesus komme. Leider gibt es da kein Geheimrezept für oder die Non-plus-ultra-Methode. Die musst du selber finden. Die drei Fragen sind der beste Indikator, um gute Entscheidungen nach Gottes Willen zu treffen. Ach ja, damit du auch ein Beispiel für Frage drei hast: Wenn du bei einem Fastfood-Restaurant deiner Wahl am Schalter stehst und du dich entscheiden musst zwischen Fanta oder Sprite wird sehr wahrscheinlich weder das eine noch das andere einen Einfluss auf deine Beziehung zu Jesus haben. Das ist dann Fall drei, wo es irrelevant ist für deinen Fokus, wenn jetzt der Geist Gottes zu dir spricht, nimm Sprite, dann mach es, sonst nimm das, worauf du Lust hast. Damit diese Entscheidungsfindung funktioniert, muss dein Fokus auf Jesus liegen. Deine Sorgen um alles andere solltest du am Kreuz ablegen. Im Anhang gibt es da Hilfe, falls du möchtest und/oder brauchst. Ein guter Anfang, um den Fokus auf Jesus in deinem Leben zu legen, ist übrigens "Jesus, dein

Wille geschehe" zu beten. Seinen Willen kennen wir ja jetzt, zumindest, wenn es um das Näher-an-sein-Herz-kommen geht. Was ist jetzt mit unseren anderen Entscheidungen und Fragen? Was ist mit den Entscheidungen und Fragen, die wir nicht mit diesem Schema beantworten können?

"Im Anfang war das Wort, und das Wort war bei Gott, und das Wort war Gott."
Johannes 1, 1

Wenn du mal Fragen hast oder Hilfe bei deinen Entscheidungen brauchst, frag Gott. Es wäre doch voll praktisch, hätte Gott uns sein Wort irgendwie hier gelassen, so zum Nachschlagen oder so. Sowas wie ein Buch. Ohh! Stimmt! Hat er ja. Wir nennen die Bibel nicht umsonst: Das Wort Gottes. Wenn du Antworten brauchst, findest du sie dort. Wie man mit Geld umgeht, wie man seinen Partner zu behandeln hat, wie man seine Kinder erziehen soll, selbst wie man mit Menschen umgehen sollte, die man nicht mag. Gott hat uns sozusagen einen Ratgeber gegeben, der unsere Fragen beantwortet und uns auch noch sein Wesen offenbart. Gespickt mit Abenteuern,Wundergeschichten, epischen Schlachten, spannenden Intrigen und sogar mit Romantik ab 18. Ehrlich, lies mal das Hohelied, dann weißt du, was in der Ehe auf dich zukommt. Grandios, alle Antworten haben wir jetzt, oder? Nein, auch hier muss ich dich wieder enttäuschen. Dir war es bestimmt schon klar, denn was hat das mit "Pass auf, was du betest" zu tun? Also nun zu der dritten Option, wie wir Fragen beantworten lassen können, wenn wir uns fragen: "Gott, was ist dein Wille?" Seinen Willen kennen lernen ist richtig gut. Die Bibel nach Antworten zu durchforsten, ist auch fantastisch, aber es gibt Fragen, die wir so nicht beantworten können. Gott soll ich hier bleiben oder nach Kiel ziehen? Kannst gerne in die Bibel schauen, aber du wirst merken,(ACHTUNG Spoiler) dass die Stadt Kiel nicht vorkommt. Soll ich nach Kiel ziehen? Wir bleiben einfach mal bei der Frage fürs Erste. Keine Ahnung, ob du dir darüber Gedanken gemacht hast oder vielleicht sogar in Kiel lebst, dann Grüße nach Kiel, aber wir nehmen jetzt einfach mal diese Frage als Beispiel. Wenn du dich entschieden hast, deinen Willen zurückzustellen, um den Willen Gottes zu tun, wirst du früher oder später vor so eine Entscheidung kommen, wo du selber nicht weiter kommst. Weder mit dem Drei-Fragen-Prinzip noch mit der Bibel. Jetzt ist der Moment, wo wir beten gehen und Gott fragen. "Gott soll ich nach Kiel ziehen?" Das Beste wäre jetzt ein klares Ja oder Nein. Aber das gibt es nicht immer so deutlich. Ich habe noch nicht so oft von Menschen gehört, die so eine Frage gestellt haben und dann Gottes Stimme ein Ja oder Nein flüstern gehört haben. Ich denke, ich habe so etwas noch nie von jemandem gehört. Es kann passieren, aber es ist nicht die Art von Gott, uns die Antwort direkt ins Gesicht zu werfen. Aber Gottes Antwort wird kommen, darauf müssen wir vertrauen.

"Ein Mensch macht vielerlei Pläne in seinem Herzen, Aber der Ratschluss des Herrn hat Bestand."
Sprüche 19, 21

"Denn ich weiß, was für Gedanken ich über euch habe, spricht der Herr, Gedanken des Friedens und nicht des Unheils, um euch eine Zukunft und eine Hoffnung zu geben."
Jeremia 29, 11

Gott hat einen Plan für dich und dein Leben, er hat gute Gedanken und alles im Blick. In Psalm 139 steht, dass jeder deiner Tage schon geplant ist (vgl, Psalm 139, 16). Wir können unsere Wege selbst bestimmen, aber Gottes Wege sind immer besser, darauf dürfen wir vertrauen. Er hat eine Zukunft für dich erdacht und egal was du tust, du wirst keine bessere erdenken können, denn für diese Zukunft hat er dich gemacht. Also, wenn Gott einen Plan für dich und dein Leben hat, ist die logische Schlussfolgerung daraus, dass er auch möchte, dass du den Weg gehst, den er bestimmt hat. Also wenn du dich fragst, ob Gott antwortet. Ja, denn aus welchem Grund sollte er nicht wollen, dass du seinem Weg vertraust und folgst? Merkst du was? Wäre schon merkwürdig, oder? Stell dir das mal vor: Er hat einen Plan und du musst ihn erraten. Das ist doch schon zum Scheitern verurteilt. Nein! Gott hat einen Plan für dich und möchte auch, dass du den Weg gehst, den er für dich bestimmt hast. Der Haken ist dieses Vertrauen. Wir Menschen zweifeln häufig. Uns fällt es schwer, Gott freie Hand zu lassen, wenn es um die Antwort auf unsere Fragen geht. Wir wünschen uns diese klare Antwort. "Nein, du sollst nicht nach Kiel ziehen". Wie gesagt, so läuft es in den wenigsten Fällen ab. Wieso fällt es uns so schwer, die Antwort zu erkennen? Weil wir häufig eine Erwartung haben, wie Gott wirken wird. Wenn du an den Punkt gekommen bist, wo du sagst "dein Wille geschehe" und du ihm vertraust, also deinen Fokus auf ihn gerichtet hast, dann ist die Schwierigkeit das "Nicht-erwartenden-Erwarten". Nein, kein Tippfehler, ich meine, dass du erwartest, dass Gott dir antwortet. Aber nicht erwartest, wie er dir antwortet.

"Wenn es aber jemand unter euch an Weisheit mangelt, so erbitte er sie von Gott, der allen gern und ohne Vorwurf gibt, so wird sie ihm gegeben werden."
Jakobus 1, 5

Wenn wir die Weisheit suchen, weil wir die Wege Gottes erkennen wollen, weil wir seinen Willen tun wollen, weil wir den Weg gehen wollen, den er für uns bestimmt hat, so wird er uns geben und das auch noch gerne. Er will, dass wir seinen vorherbestimmten Weg gehen. Uns mangelt es andauernd an Weisheit, wie schön ist es dann, zu wissen, dass Gott sie uns gerne gibt, ohne uns Vorwürfe zu machen. Hier deine Ermutigung, die Antwort Gottes zu erwarten. Diese Erwartungshaltung ist richtig gut zu haben, ob in solchen Fragen oder beim allgemeinen Beten, wir sollen davon ausgehen, dass es klappt (vgl. Markus 11,24). Wir sollen es erwarten! Aber nicht erwarten, wie Gott wirkt/antwortet. Es gibt eine Geschichte, die ich vor Jahren einmal gehört habe, von einem Mann, der ganz klare Erwartungen hatte, wie Gott ihn retten wird. Was mit ihm passiert ist? Lies selbst.

"In einem kleinen Haus lebte einst ein gottesfürchtiger Mann. Er betete täglich und legte sein ganzes Vertrauen in Gott und seine Verheißungen. Eines Tages regnete es und hörte nicht auf. Der Fluss lief über und langsam füllten sich die Straßen unaufhörlich mit Wasser. Seine Nachbarn klingelten bei ihm und sagten zu ihm: "Komm doch mit uns, wir fahren aus der Stadt hinaus in Sicherheit." Er erwiderte: "Vielen Dank, aber Gott wird mich retten." Nach einiger Zeit lief das Erdgeschoss über und er flüchtete in das Obergeschoss. Plötzlich klopfte es an sein Fenster. Dort waren Männer in einem Boot und riefen ihm zu: "Komm mit uns, wir bringen dich in Sicherheit." Er wimmelte sie mit den Worten ab: "Vielen Dank, aber Gott wird mich retten." Auch sein Obergeschoss wurde von den Wassermassen beansprucht und ihm blieb nichts anderes übrig, als auf das Dach zu flüchten. Dort saß er und betete. Er vernahm das Surren von Rotorblättern und ein Hubschrauber flog über sein Haus. Ein Mann schmiss eine Leiter hinunter und rief: "Nimm die Leiter, wir bringen dich in Sicherheit." Der Mann stieß die Leiter zur Seite und schrie hinauf: "Nein Danke, Gott wird mich retten." Das Wasser erreichte sein Dach und nachdem er sich noch eine Stunde über Wasser hielt, ertrank er. Im Himmel angekommen stand er vor Gott und fragte ihn. Er machte ihm beinahe schon Vorwürfe: "Gott, ich habe dir vertraut, ich habe zu dir gebetet. Wieso hast du mich nicht gerettet? Wieso wolltest du mich nicht retten?" Gott erwiderte ihm: "Ich wollte, ich habe alles versucht, aber du wolltest nicht! Ich habe dir deine Nachbarn geschickt, ich habe ein Boot vorbei geschickt, ich habe dir sogar einen Hubschrauber geschickt. Du wolltest nicht gerettet werden!"

Der Mann hat eine klare Vorstellung gehabt, wie Gott ihn retten wird. Er hat leider nicht verstanden, dass Gott seine eigenen Wege und Pläne hat. Wenn wir erwarten, wie Gott handelt, bekommen wir vielleicht nicht mit, wie er handelt und ob er handelt. Also, erwarte, dass er wirkt und antwortet, aber nicht, wie er wirkt und antwortet. Gut, jetzt ist die Herzenseinstellung erläutert, machen wir weiter mit dem Teil, der für uns unangenehm wird, der Teil, wo wir uns wirklich überlegen müssen, ob wir es beten wollen. So sehr wir uns auch nach Gottes Willen richten wollen, gibt es immer noch Dinge in unserem Leben, wo wir hoffen, dass es sein Wille ist. Wenn du nach Kiel ziehen möchtest und das ist dein Wille. Fragst du Gott dann, weil du seinen Willen hören möchtest oder damit er deinen bestätigt ?

Eine Geschichte aus meinem Leben: Ich habe vor vielen Jahren ein Mädchen kennengelernt. Wir haben uns gut verstanden. Als wir dann zusammen waren, habe ich Gott natürlich gefragt, ob es die Eine ist. Aber ich wollte seinen Willen gar nicht hören. Ich war gar nicht bereit für ein " NEIN". Ich wollte nur, dass er das bestätigt, was ich gehofft habe. Wir waren letztendlich zwei Wochen zusammen. Bei dem Thema Partnersuche, fiel es mir immer sehr schwer ein "NEIN" zu hören, weil mein Wunsch in dem Bereich über dem von Gott stand.

Hast du da auch einen Bereich, wo du eigentlich kein "Nein" hören willst? In meinem Fall habe ich Gott schon oft gefragt, ist es die richtige, aber ein Nein zu hören, wenn man ein Ja erwartet, ist ziemlich schwer. Pass auf, was du betest! Gott beantwortet dir gerne deine Fragen, wie es im Jakobusbrief steht. Er will dir gerne die Weisheit geben, aber willst du die Antwort wirklich haben? Möchtest du wirklich wissen, ob es die richtige für dich ist? Oder soll Gott nur deinen Willen bestätigen und sich nach deinen Wünschen richten? Gott ist kein Wunschbrunnen!

"sondern so hoch der Himmel über der Erde ist, so viel höher sind meine Wege als eure Wege und meine Gedanken als eure Gedanken."
Jesaja 55, 9

Seine Gedanken stimmen nicht immer überein mit unseren Gedanken und unsere Wege verlaufen häufig in eine ganz andere Richtung. Aber Gott ist gut und seinen Wegen zu vertrauen, lohnt sich immer. Gott hat mir nie geantwortet, zumindest habe ich seine Antwort nie gehört. Aber das wollte ich auch nicht. Wie oft geht es uns so, dass wir fragen, aber die Antwort eigentlich gar nicht hören wollen. In vielen Fällen merkst du es früher oder später auf die harte Tour, was Gott dir vorher schon sagen wollte. Wenn du Gott fragst, sei bereit ein Nein zu hören, sei bereit, dass sein Plan ganz anders verläuft als deiner, sei bereit, dass er das "dein Wille geschehe" von dir ernst nimmt..

Wenn wir anfangen Gott in diesem Bewusstsein zu fragen, wenn wir anfangen zu erwarten, dass er antwortet und wenn wir anfangen unseren Willen in jedem Lebensbereich unter seinen zu stellen, was glaubst du dann, wie dein Leben sich verändern wird? Welche Führung du erleben würdest? Gottes Plan ist schön und gut, aber bei den Fragen, die wir ihm stellen, merken wir, wie weit wir diesem Plan wirklich folgen und vertrauen wollen. Mach die Bereiche für den Heiligen Geist auf, in denen du die Antworten gar nicht willst. Nimm deinen Willen bewusst und setze ihn unter den Willen Gottes. Sprich die Autorität von Jesus Christus über jeden dieser Lebensbereiche aus, damit du bereit bist für seine Antwort, egal, wie sie auch ausfallen mag.

"Denn jeder, der bittet, empfängt; und wer sucht, der findet; und wer anklopft, dem wird aufgetan."
Matthäus 7, 8

Also, wenn du Gott fragst, wird er dir definitiv antworten, nur willst du seine Antwort hören? Gott um Rat zu fragen, bringt rein gar nichts, wenn du die Antwort sowieso nicht willst. Wenn du fragst, soll ich nach Kiel ziehen, mach dich auch auf das NEIN gefasst. Bist du bereit, um seinen Willen und seine Weisheit zu beten, egal was das für dich bedeutet? Egal, was seine Antwort ist? Egal, wo du hinziehen musst?

Folgen ist aktiv!

Du willst also seinen Willen tun? Du willst also Vergeben? Du willst also seinen Plan hören? Wenn wir anfangen, in so einem Bewusstsein zu beten, dann ist unser Fokus auf Jesus gerichtet und wir werden zu wahren Nachfolgern. Ist das nicht unser aller Gebet?

"Ich will dir folgen, Jesus!"

Was bedeutet das für mich, wenn ich es aus tiefstem Herzen bete? Was bedeutet folgen? Mit Folgen ist nicht das Folgen wie z.B. auf Instagram gemeint, obwohl viele Christen ein Glaubensleben haben, dem das entspricht. Sie sagen Ja zu Jesus und drücken auf den Button. Soviel hat sich nicht geändert. Sie gehen sonntags in den Gottesdienst und sagen "Amen" oder "Preach it", wenn ihnen gefällt, was der Prediger erzählt, nur ihr Alltag verändert sich nicht.

Ein aktiver Gott, braucht aktive Nachfolger!

Ich habe einmal, von jemandem gehört, der Folgendes sagte:

"Glaube gehört für mich nicht in den Alltag." In der Schule, bei meinen Hobbys und Zuhause ist er nicht dabei. Nur in der Kirche oder bei christlichen "Sachen" halt."

So oder so ähnlich hat er es ausgedrückt. Es macht mich traurig, wenn ich sowas höre. Es macht mich traurig, dass so viele aus Jesus ein Hobby machen oder einen Hype. Jesus zu folgen, ist keine Sonntagsaktion sondern eine Lebenseinstellung, ein Lifestyle! Und wenn du betest, dass du Jesus folgen willst, solltest du dir überlegen, ob du bereit bist, deinen Lifestyle zu ändern?

"Danach ging er hinaus und sah einen Zöllner namens Levi an der Zollstätte sitzen und sprach zu ihm: Folge mir nach!"
Lukas 5, 27

Jesus hat gesagt: "Folge mir nach!" und das ist nicht die einzige Stelle. Wenn du dich an den reichen Jüngling erinnerst, zu dem sagte er dasselbe. Jesus ging zu keinem seiner Jünger und sagte "Komm und glaube an mich!", nein sie sollten ihm folgen. Wieso? Weil Gott ein aktiver Gott ist. Er wirkt, er handelt, er gab seinen Sohn für uns und dann sollen wir rumsitzen und aus Jesus ein Hobby machen? Ich denke nicht. Wir sollten aktiv werden! Das heißt, unseren Fokus auf Jesus zu richten und Gebete zu sprechen, die auch mal unangenehm werden, die uns herausfordern und uns manchmal auch etwas weh tun. Was macht dein Glaubensleben aus? Wie pflegst du deine Beziehung zu Jesus? Es gibt mehrere Dinge, die ich dir ans Herz lege, die dir helfen sollen, Jesus von Herzen nachfolgen zu können.

1.

Jesus zu folgen ist einfacher, wenn du ihn kennst. Du merkst irgendwie wiederholt sich das andauernd und was sich wiederholt, stimmt meistens, zumindest, wenn es biblisch belegbar ist. Wenn wir jemanden kennengelernt haben, haben wir eine Beziehung zueinander. Diese kann sehr brüchig sein, wie die zu deinen Lehrern, man weiß minimal etwas übereinander, aber wenn diese Beziehung bricht, stört es euch in den meisten Fällen nicht. Viele freuen sich sogar, wenn sie ihre Lehrer nicht mehr sehen. Kennst du vielleicht. Solche Beziehungen, wie wir zu manchen Lehrern haben, sind sehr oberflächlich und oberflächliche Beziehungen brechen gern. Es gibt allerdings auch sehr tiefgründige Beziehungen, wie wir sie zu unseren besten Freunden haben. Man kann sich alles anvertrauen und geht zusammen durch dick und dünn. Egal was kommt, man kann aufeinander zählen. Welche Art von Beziehung führst du mit Jesus? Tiefgründig oder oberflächlich? Und welche möchtest du führen? Bevor du weiter liest, sei bitte ehrlich zu dir, wie deine Beziehung zu Jesus gerade aussieht. Wo du zwischen oberflächlich und tiefgründig gerade stehst. Als nächstes denk darüber nach, ob du bereit bist, in diese Beziehung zu investieren und Jesus zu vertrauen, denn das ist eine Grundvoraussetzung für tiefgründige Beziehungen, dass man einander vertraut.

Also, wenn du dich nun entschieden hast, können wir ja weitermachen. Erinnere dich mal zurück, wie deine Beziehung zu deinem besten Freund angefangen hat. Vielleicht weißt du es noch, vielleicht auch nicht. Was dir aber aufgefallen sein sollte, ist, dass du viele Erinnerungen durchforstet hast, um zum Anfang zu kommen. Ihr habt viel Zeit miteinander verbracht. Gute Zeiten, schlechte Zeiten und vollkommen unsinnige Zeiten. Was zeigt uns das? Tiefgründige Beziehungen entstehen dadurch, dass wir Zeit miteinander verbringen. Am besten VIEL Zeit miteinander verbringen. Ich weiß nicht, wie es bei dir ist, aber mein bester Freund, hat gefühlt bei mir gewohnt, bevor er verheiratet war. Ich hatte später Schulschluss als er und als ich nach Hause kam, saß er draußen mit meiner Mum und sie waren am Quatschen. Er rief mir nur zu: "Hey Fynn, Essen ist in der Mikro, kannste dir warm machen und dich zu uns gesellen." Wir haben wirklich so gut wie jeden Tag gemeinsam verbracht und wir konnten schon immer über alles reden. Zeit miteinander zu verbringen, ist der Schlüssel zu einer tiefgründigen Beziehung. Aber auch die Gespräche während dieser Zeit. Unsere Beziehung wäre wohl kaum so tiefgründig geworden, wenn wir uns immer nur angeschwiegen hätten. Also für unsere Beziehung mit Gott gilt das genauso. Wir müssen mit ihm Zeit verbringen. Bibel lesen, beten und Lobpreis machen. In den Gottesdienst gehen oder sich Predigten anhören, gehört auch dazu. Es gibt so viele Möglichkeiten, mit Jesus Zeit zu verbringen. Wieso machen wir es dann nicht? Zeit! Uns fehlt die Zeit. Oder? Hier spielt der Fokus eine wichtige Rolle, worauf du dein Leben ausgerichtet hast. Hier merkst du, ob dein Fokus wirklich scharf auf Jesus gestellt ist. Wir haben alle 24 Stunden pro Tag. Mein Tag ist genauso lang wie deiner, keine Sekunde länger oder kürzer. Wieso komme ich täglich zum Beten und so viele, die ich kenne, tun das nicht? Weil mein Fokus auf Jesus gerichtet ist. Ich habe Jugendliche in der Jugendgruppe, die sagen, dass sie keine Zeit für Jesus haben, weil sie lernen müssen. Die Zeit haben sie, aber Jesus ist ihnen einfach nicht wichtig genug. Ihr Fokus ist auf Erfolg ausgerichtet. Ihre Beziehung zu Jesus ist oberflächlich. Sie stellen Jesus hinten an und kennen ihn deshalb nicht. Sie verbringen nicht so viel Zeit mit Jesus, sondern nur das Mindestmaß. Wenn du deine Beziehung auf Sparflamme führst, wundere dich nicht, wenn sie erlischt. Stell nicht Jesus hinten an, sondern alles andere! Wenn du einen vollgestopften Tag hast, steh früher auf zum Beten und Bibellesen. Du kannst entscheiden, wann du aufstehst und demnach auch Zeit für Jesus einplanen. Mach es wie du willst, aber fang an mit einer Routine und diese solltest du über alles andere stellen. Ich habe morgens meine Zeit, egal wann, egal wo. Ob ich in der Kaserne bin, im Wald oder Zuhause. Meinen Tag starte ich mit Gebet und mit Gottes Wort. Für eine tiefgründige Beziehung zu Jesus ist es der Schlüssel, Zeit mit ihm zu verbringen und zwar so viel wie möglich. Wann und wie ist dir überlassen, aber was ich dir raten kann ist:

Hör auf, nur darüber nachzudenken und fang einfach an. Egal wo und egal wann, denn es gibt kein "keine Zeit", sondern dann nur ein, "du bist mir nicht wichtig genug Jesus!

2.

Wer Jesus kennt und Zeit mit ihm verbringt, liebt Jesus. Liebst du Jesus? Ja, weil sonst würden wir nicht so viel Zeit mit ihm verbringen. Ein weiterer Aspekt, den wir nicht außer Acht lassen sollten, wenn wir Jesus nachfolgen wollen, ist, was es bedeutet, ihn wirklich zu lieben. Wenn ich mich beispielsweise in eine Frau verliebt habe und sie sagt mir "ich mag es nicht, wenn man mir Komplimente macht", würde ich das respektieren und darauf achten. Wenn sie sagt, es gefällt ihr, wenn ich meine Haare nach hinten stylen würde, würde ich das wahrscheinlich tun, wenn ich mich mit ihr treffe. Ich weiß, das sind sehr oberflächliche Beispiele, aber ich denke, sie zeigen dir, worauf ich hinaus möchte.

"Liebt ihr mich, so haltet meine Gebote!"
Johannes 14, 15

Wenn wir Jesus lieben, wenn wir ihm von ganzem Herzen nachfolgen wollen, dann müssen wir seine Gebote halten. Nicht nur, weil Gott sie uns aus einem guten Grund gegeben hat, den wir oft nicht verstehen, sondern weil wir ihn lieben und seinen Willen über unseren stellen. Es hilft uns, wenn wir uns Vorbilder nehmen. Zu der Zeit von Jesus war es für die Schüler eines Rabbis üblich, zu versuchen, nach seinem Vorbild zu leben. Ihm also immer ähnlicher zu werden. Wie nennt man die Schüler von Jesus? Jünger! Und was sind Jünger? Nachfolger Jesu. Es ist einfach, wenn du also Jesus liebst und ihm nachfolgen möchtest, dann sollte dein Ziel sein, ihm immer ähnlicher zu werden! Hier wird es jetzt unangenehm. Es geht nämlich um das Reflektieren unseres Lebens, um die Bereiche, die nicht nach Gottes Willen laufen. Vielleicht sind es Drogen, vielleicht Sex vor der Ehe oder auch mehr Alkohol zu trinken, als einem gut tut. Jesus ist das beste Vorbild und diesem Vorbild sollen wir folgen und ähnlicher werden. Bist du bereit, richtig aufzuräumen? Der Heilige Geist räumt gern die schmutzigen Kammern unseres Herzens auf, die wir vor Gott verschlossen halten, wir müssen sie nur aufmachen. Bist du bereit, Gott in die Kammern zu lassen? Pass auf, was du betest! Wenn der Geist Gottes kommt und aufräumt, bringt er auch Dinge ans Licht, die schon lange in Vergessenheit geraten sind. Diese Bereiche unseres Lebens machen wir immer wieder zu, weil wir uns schämen und uns verstecken wollen und das ist normal, denn das war von Anfang an so.

"8Und sie hörten die Stimme Gottes des Herrn, der im Garten wandelte, als der Tag kühl war; und der Mensch und seine Frau versteckten sich vor dem

Angesicht Gottes des Herrn hinter den Bäumen des Gartens. 9Da rief Gott der Herr den Menschen und sprach: Wo bist du? 10Und er antwortete: Ich hörte deine Stimme im Garten und fürchtete mich, denn ich bin nackt; darum habe ich mich verborgen!"
1.Mose 3, 8-10

Wir sind uns ganz häufig bewusst, dass es nicht das ist, was Gott möchte und auch nicht das ist, was Jesus tun würde. Wir machen es aber trotzdem. Diese Bibelstelle kommt nach dem Sündenfall. Adam und Eva sind sich bewusst geworden, dass sie Mist gebaut haben. Sie hören Gott durch den Garten gehen. Die erste Reaktion ist: VERSTECKEN! Es mag sich vielleicht im ersten Moment gut anfühlen, aber so werden wir Jesus nicht ähnlicher, sondern wir entfernen uns langsam von ihm.

"Ich hatte das Problem mit dem Rauchen. Ich war mal Kettenraucher, also so richtig extrem. Ich habe eine Zigarette mit der anderen angemacht und wahrscheinlich mehr Luft durch die Filter gezogen als ich normal geatmet habe. Ich habe mich geschämt, ich wollte nicht, dass Gott das sieht. (Schön Blöd, er sieht nämlich alles.) Ich habe diesen Bereich einfach versteckt und nur die sauberen Teile meines Lebens Jesus zur Verfügung gestellt. Ich musste nur leider feststellen, dass halbe Nachfolger nicht allzu viel nutzen, denn sie haben ihren Willen über den von Gott gestellt und sie werden Jesus auch nicht ähnlicher dadurch. Ich musste aufräumen und zwar richtig und jeden Tag. Ich habe diesen Bereich meines Lebens neu aufgemacht, weil ich mich immer wieder verstecken wollte."

Manche von diesen Türen müssen wir einfach ausreißen, damit der Heilige Geist wirklich aufräumen kann. Weißt du, diese Geschichte von Adam und Eva mag vielleicht traurig wirken, aber es steckt sehr viel Ermutigung darin, denn Gott lässt dich nicht alleine durchgehen. Es lässt dich nicht den ganzen Weg laufen, sondern er kommt dir entgegen. Er sucht dich und ruft dich bei deinem Namen. Er ruft dich, weil er weiß, wie es dir geht, weil er weiß, was du durchmachst und weil er weiß, dass es nicht leicht für dich ist. Wenn wir an diesem Punkt angekommen sind, wo wir uns unsere Scham eingestehen können und die versteckten Räume aufmachen, können wir anfangen, Jesus ähnlicher zu werden. Es ist ein langer Weg und ein gefährliches Gebet! Nimm dir immer einen Bereich vor. Versuch nicht mehr zu lügen oder zieh dich vom Lästern zurück. Du kannst ganz langsam anfangen und in deinem Tempo folgen. Jesus hat nie gesagt, wie schnell wir folgen sollen, sondern dass wir folgen sollen. Wichtig ist nur, dass das Gebet allein nicht reicht. Vergiss nicht: Ein aktiver Gott braucht aktive Nachfolger!

3.

Wer Jesus nachfolgt, der steht auch zu ihm! Wenn du einem Veganer begegnest, woher weißt du, dass er ein Veganer ist? Er sagt es dir. Er macht kein Geheimnis daraus. Er verheimlicht es nicht, sondern er steht dazu. Die Apostel standen genauso zu Jesus bis zum Ende ihres Lebens. Sie waren bereit für Jesus zu sterben. Es war kein schöner Tod. Alle bis auf Johannes wurden qualvoll hingerichtet und selbst er ist verbannt worden und starb in der Verbannung. Bist du bereit, so zu Jesus zu stehen? Bist du bereit überhaupt zu Jesus und deinem Glauben zu stehen? Es kommt nicht unbedingt folter auf dich zu, aber Freunde, die vielleicht anfangen, dich zu hinterfragen. Du bist vielleicht nicht mehr so"cool" in der Schule. Deine Familie macht sich vielleicht über dich lustig. Es gibt viel, was passieren kann, wenn wir anfangen, zu Jesus und unserem Glauben zu stehen. Was auf jeden Fall passiert, ist, dass wir Jesus nachfolgen, gegen jeden Widerstand und dass Jesus auch zu uns steht.

"Wenn euch die Welt hasst, so wisst, dass sie mich vor euch gehasst hat."
Johannes 15, 18

Jesus weiß, was wir durchmachen, er weiß, wie sich das anfühlt. Er wurde misshandelt, beschimpft und ausgepeitscht. Für DICH! Er wurde behandelt wie Dreck. Für DICH! Er starb den Verbrechertod. Für DICH! Ist der, der für dich gestorben ist, nicht genug wert, um für ihn etwas Leid zu ertragen? Wie die Apostel gedacht haben, kannst du dir ja denken. Die Frage ist, wie denkst du darüber?

"Ich sage euch aber: Jeder, der sich zu mir bekennen wird vor den Menschen, zu dem wird sich auch der Sohn des Menschen bekennen vor den Engeln Gottes; 9wer mich aber verleugnet hat vor den Menschen, der wird verleugnet werden vor den Engeln Gottes."
Lukas 12, 8

Wie wir beten, dass uns mit dem Maß vergeben wird, wie auch wir vergeben, genauso ist es mit dem Zueinanderstehen. Wir sollen zu Jesus stehen, dann steht er auch zu uns. Jesus steht zu dir, wenn du zu ihm stehst. Er stand schon zu dir, bevor du ihn gekannt hast. Halt dich an diesem Versprechen fest. Ich weiß, dass es eine Menge Überwindung kosten kann, sich zu seinem Glauben zu bekennen. Aber es ist das Beste, was wir tun können. Dein Glauben wird einen ganz neuen Wachstumsschub erfahren, wenn du anfängst, zu Jesus zu stehen. Falls du jetzt Angst hast, weil du nicht immer zu ihm gestanden hast, möchte ich dich ermutigen, genau das vor Gott zu bekennen und die Vergebung dafür zu empfangen. Erinnere dich daran, dass Petrus Jesus auch verleugnet hat (vgl. Markus 14,66-72) und doch sollte er sich um seine Schafe kümmern (vgl. Johannes 21, 15-17). Gottes Gnade und Vergebung wartet auf dich. Du musst sie nur annehmen und dann komm, und folge ihm nach!

Jesus nachzufolgen, ist nicht immer so einfach. Es ist vor allem nicht nur ein Gebet sondern etwas ganz persönliches und Aktives. Dein Gebet wirst du wohl oder übel mit Taten bestätigen müssen. "Ich will dir nachfolgen" zu sagen, ist schön, aber Nachfolgen ist kein Satz und auch kein Gebet sondern eine Handlung. Eine Handlung aus dem Herzen heraus. Von Herzen nachzufolgen ist das, was sich Jesus wünscht. Wenn du alle Punkte gelesen und gemacht und gebetet hast, aber dein Herz darauf pfeift, hat es überhaupt nichts gebracht. Dein Herz muss bestätigen, was dein Mund sagt.

"21Nicht jeder, der zu mir sagt: Herr, Herr!, wird in das Reich der Himmel eingehen, sondern wer den Willen meines Vaters im Himmel tut. 22Viele werden an jenem Tag zu mir sagen: Herr, Herr, haben wir nicht in deinem Namen geweissagt und in deinem Namen Dämonen ausgetrieben und in

deinem Namen viele Wundertaten vollbracht? 23Und dann werde ich ihnen
bezeugen: Ich habe euch nie gekannt; weicht von mir, ihr Gesetzlosen!"
Matthäus 7, 21-23

Jesus kennst du mich? Als ich die Krebsdiagnose bekam, habe ich mich das öfters mal gefragt. Ich habe mich gefragt, was ich denn tun muss, damit Jesus mich kennt. Wie oft muss ich beten? Welche Verse muss ich auswendig können? Wie vielen Menschen muss ich von Jesus erzählt haben? Wie viele Wunder muss ich sehen? Das ist aber alles unrelevant. Wenn du aufgepasst hast, weißt du, was Jesus wichtig ist. Nämlich das, was er seinen Jünger gesagt hat.

"Komm und folge mir nach!"

Wir sollen Jesus nachfolgen, und zwar von ganzem Herzen, weil wir ihn lieben. Wir sollen täglich versuchen, ihm ähnlicher zu werden und zu ihm zu stehen zu jeder Zeit. Wenn dein Mund sagt: Ich will dir folgen, aber dein Herz und deine Taten sprechen dagegen, solltest du dein Herz befragen, ob du Jesus wirklich vertraust. Jesus zu folgen wird nicht immer leicht. Es kommen Schwierigkeiten und Widrigkeiten auf dich zu. Es werden Momente kommen, in denen du dich fragst, ob du dich richtig entschieden hast, ob es das wert war. Aber mit seiner Hilfe können wir darüber stehen und an seinen Versprechen für unser Leben festhalten.

"Da sprach Jesus zu seinen Jüngern: Wenn jemand mir nachkommen will, so verleugne er sich selbst und nehme sein Kreuz auf sich und folge mir nach!"
Matthäus 16, 24

Stell deinen Willen zurück. Nimm das Leid, den Spott und vielleicht auch den Schmerz in Kauf und folge Jesus von ganzem Herzen. Nimm das frühe Aufstehen in Kauf und lern den kennen, dem du folgen willst. "Ich will dir folgen" ist ein Lifestyle! Sicher, dass du bereit bist, diesen Lifestyle zu leben?

Ablesen kommt selten gut!

Uns geht es doch allen so, dass wir manchmal einfach nicht wissen, was wir beten sollen. Also mir geht das manchmal so. Dann ist es gut, dass wir 150 vorgefertigte Gebete parat haben. Die Psalmen sind eine Ansammlung von Gebeten. Die meisten sind zwar als Lied gedacht, aber was du singen kannst, kannst du auch sprechen. Ich kann nicht über jeden einzelnen Psalm schreiben, aber ich habe ein paar herausgesucht, wo du wirklich überlegen solltest, ob du sie beten willst. Wenn du es aber tust, könnte es dein Leben verändern. Also pass auf, was du betest oder in deiner Gemeinde nachsprichst, denn das machen wir auch gerne mal, ohne darüber nachzudenken. Einfach mal einen Psalm beten, ohne zu überlegen, was das bedeuten würde. Die Landeskirche ist da wirklich ein Vorreiter im Psalmen beten. In gefühlt jedem einzelnen Gottesdienst zu meiner Konfirmandenzeit haben wir irgendeinen Psalm aufgesagt. Hätte ich mal schon damals gewusst, was das für mein Leben bedeuten könnte. Ich glaube wirklich, die Gottesdienstbesucherzahlen (Evangelische Landeskirche) würden nicht annähernd so stark sinken, wie sie es tun, wenn nur die Hälfte der Besucher es ernst meinen würde, was sie da beten.

"1Lobt den Herrn, alle Heiden! Preist ihn, alle Völker! 2Denn seine Gnade ist mächtig über uns, und die Treue des Herrn währt ewig. Hallelujah!"
Psalm 117

Ich möchte dich nicht anlügen, dieser Psalm ist nicht so gefährlich zu beten. Es ist ein Psalm, um Gott zu loben und ihm die Ehre zu bringen. Wir haben viele ernste Dinge besprochen, jetzt ist ein kurzer Moment, um Gott die Ehre zu geben. Und zudem ist es der kürzeste Psalm. Ich hatte das Bedürfnis, ihn mit dir zu teilen. (Sozusagen ein bisschen Angeberwissen für dich.) Oder steckt vielleicht doch mehr dahinter, dass ich diesen Psalm erwähne?

"Denn seine Gnade ist mächtig über uns"

Seine Gnade ist wundervoll. Dank ihr ist uns vergeben und wir können in Beziehung zu Gott leben. Aber "mächtig" über uns? Die Macht, die die Gnade Gottes über uns und unser Leben hat, ist nur so groß, wie WIR wollen bzw. es zulassen. Also du gibst der Gnade, die Macht in deinem Leben. Wenn du wirklich willst, dass die Gnade in deinem Leben wirkt, musst du ihr den Platz geben. Wenn du diesen Psalm betest, stell dich darauf ein, dass du die Gnade ganz neu erleben könntest. Aus Gnade wurdest du gerettet und diese Gnade, aus der du gerettet wurdest, kannst du Macht über dich und dein Leben haben lassen. Um das einfacher auszudrücken, lässt du Gott das machen. Es ist wie eine Erweiterung zu "Dein Wille geschehe".

"Befiel dem Herrn deinen Weg, Und vertraue auf ihn, so wird er es vollbringen."
Psalm 37, 5

Wir bleiben bei dem Gedanken, dass wir Gottes Willen über unseren eigenen Stellen. In Psalm 37 finden wir diesen Vers. Er klingt schön und ermutigend. Auf Gott kannst du vertrauen und er wird es vollbringen. Voll schön, oder? Ja, finde ich auch. Wo sollte ich jetzt aufpassen, das zu beten? Klingt doch gut. Der Anfang drückt mehr aus als bloßes Vertrauen. "Befiel". Mit befehlen, kenne ich mich aus. Dieses "Befiehl dem Herrn" hat eine starke Aussage. Natürlich kannst du Gott nichts befehlen. Dass du was zu melden hast, möchte diese Stelle gar nicht sagen und das hast du auch nicht. Zumindest nicht Gott gegenüber. Wenn mein Vorgesetzter mir einen Befehl gibt, ist da kein Spielraum für Diskussionen, ich kann zwar sagen, dass es eine blöde Idee ist, aber wenn er sagt, mach es trotzdem, mach ich es. Befehle haben eine gewisse Endgültigkeit. Sie sind fest. Ein Befehl bekommt und man führt ihn aus. Befehle kann nicht jeder jedem geben. Wir haben alle in Bereichen unseres Lebens sogenannte Befehlsgewalt. Nicht jeder kann mir einfach einen Befehl erteilen, aber genauso wenig kann ich jedem einen erteilen. Wo du die Befehlsgewalt hast, ist in deinem Leben. Du kannst entscheiden, wie du dein Leben führen möchtest. Gott hat das den freien Willen genannt. Du kannst sagen, welchen Weg du mit deinem Leben gehen möchtest und auch sagen, welchen Weg du nicht einschlagen möchtest. Du kannst dich entscheiden, dein Leben mit Jesus zu gehen, aber du kannst dich auch gegen die Gnade Gottes entscheiden. In Psalm 37,5 betest du, dass du diese Befehlsgewalt aufgibst. Du sagst dich los davon, dass du bestimmst. Das "Befiel" drückt diese Endgültigkeit aus. Hier betest du eigentlich:

Gott lenke du mein Leben, entscheide du über meine Abzweigungen, dir gehört alle Befehlsgewalt über mich und mein Leben!

Willst du das? Bist du bereit wirklich alle Befehlsgewalt über dein Leben an Gott abzugeben? Seine Pläne sind gut. Wenn du alles abgibst, dann heißt es, zu vertrauen, dass Gott es vollbringen wird. Das gute Werk, das er dir versprochen hat. Wir nehmen uns gern die Befehlsgewalt zurück. Wenn du sie wirklich abgeben willst, möchte ich dich ermutigen, es täglich auszubeten und die Endgültigkeit deiner Entscheidung über dir und deinem Leben in Jesu Namen zu proklamieren.

Psalm 139 ist ein wunderschönes Gebet, was ich jedem ans Herz legen kann, der nicht weiß, was er beten soll. Du kannst Ermutigungen finden, die dir deinen Wert zusprechen und Ermutigungen, die aufzeigen, dass Gott dich kennt und sieht. Aber auch hier gibt es Verse, wo du dir wirklich sicher sein musst, ob du sie beten möchtest. Es könnte weh tun und vieles offenbaren, dass dir unangenehm wird. Hier könnte man schon eine Trigger-Warnung aussprechen. Nur damit du weißt, auf was du dich einstellen musst, wenn du diesen Vers betest.

"Erforsche mich, o Gott, und erkenne mein Herz; Prüfe mich und erkenne, wie ich es meine;"
Psalm 139, 23

"Erforsche mich" ist schon sehr persönlich. Hast du dich schon mal erforschen lassen? Wahrscheinlich nicht in dem Ausmaß, wie deine blühende Fantasie es sich gerade ausmalt. Aber ich bin mir sicher, dass du mal beim Arzt gewesen bist. Was macht der Arzt denn? Dich untersuchen. Und was ist "untersuchen"? Eine Art forschen, wie es dir und deinem Körper geht. Die moderne Medizin kann eine Menge Dinge, aber umso mehr man herausfinden möchte, umso mehr muss man forschen. Mir ist das schon immer sehr unangenehm gewesen, wenn Ärzte an mir rumgedrückt haben. Am Hals ging das immer oder das Abhorchen der Lunge. Wenn es aber um alles unterhalb der Gürtellinie ging, da war es bei mir vorbei. Bei mir musste vor einiger Zeit die Milz angeschaut werden. Dafür hat man dieses tolle Ultraschallgerät. Keine Ahnung, ob das schonmal bei dir benutzt wurde, aber ich sage dir, ich habe kaum unangenehmere Situationen in meinem Leben gehabt. Ich lag also oberkörperfrei auf dieser Liege. Der Arzt schmiert so ein Gel auf den Joystick, mit dem er in mich reingucken möchte, während ich wie ein kleiner Löffel zusammengerollt daliege. Ein Arm auch noch aufgestellt hinter dem Kopf, ganz subtil. Alles. Es ist wichtig, na klar, aber es gibt amüsantere Dinge, die in einem Leben passieren können. Er hat dann meine Milz "erforscht". Wie gesagt, sehr subtil und noch unangenehmer für mich. Erforschen ist etwas unangenehmes, weil es immer persönlich und intim wird. Es geht um das, was wir nicht gerne zeigen. Man muss sich manchmal auch nackt machen. Gott hat dich geschaffen, er weiß, wie du aussiehst und hier geht es um eine andere Art von "nackig machen". Es geht darum, alles preiszugeben und ihm alles zu zeigen. Jede einzelne schmutzige Sache in deinem Leben. Jeder Gedanke, der dir schon längst entfallen ist und jeder Blick im Freibad. Einfach ALLES! Das was wehtut, ist nicht der Teil, dass Gott es sehen wird, sondern dass Gott es dir zeigen wird, damit du es bekennen kannst. Wir haben schon über das Bekennen gesprochen. Wie ist es dir da ergangen? Wie leicht ist dir das bisher gefallen? Hier wird es wirklich hart, denn da versteckt sich eine Menge bei dir, genauso wie bei mir. Wenn wir uns von Gott erforschen lassen, wird er uns alles offenbaren, was wir verdrängt haben. Nicht alles auf einmal, aber jedes mal ein bisschen mehr. Willst du dich erforschen lassen und dich vor

Gott nackig machen? Oder behältst du deine Sachen an und verdrängst weiter die Schuld und den Schmutz deines Lebens? Wenn es dir schwerfällt, eine Entscheidung zu treffen, kannst du gerne überlegen, was dich näher zu Gott bringen würde, aber ich denke, du kennst die Antwort schon.

"Erkenne mein Herz" geht in eine ähnliche Richtung, nur offenbart unser Herz andere Dinge als das Erforschen. Alles, was wir verstecken, sei es durch Scham oder Verdrängen, kommt zum Vorschein, wenn wir uns von Gott erforschen lassen. Wenn wir ihm unser Herz offenlegen, kommen unsere Verletzlichkeit und unsere Schmerzen zum Vorschein. So gut wie jeder kennt Herzschmerz. Dir fallen bestimmt auch Situationen ein, wo dich jemand verletzt hat. Mobbing in der Schule, Trennung der "großen Liebe" oder vielleicht auch Menschen, die von uns gegangen sind. Wir alle kennen diese Schmerzen, die unserem Herz weh tun. Unser Herz ist ein zartes und empfindliches Instrument, es hält unsere Gefühle und macht uns verletzlich. Diese Verletzlichkeit offenbaren wir nur ungern. Vor allem Jungs fällt es manchmal schwer, ihre Gefühle zu zeigen und zu zeigen, dass sie verletzlich sind. All diese Schmerzen, die wir erlebt haben, die wir fühlen und die unser Herz verletzt haben, sorgen dafür, dass viele wie eine Mauer um ihr Herz errichtet haben. Eine unüberwindbare Wand, die keinen Schmerz hineinlässt, aber auch alles andere abblockt. Die bereits erlebten Schmerzen können nicht heilen, weil sie eingesperrt und verdrängt wurden.

"Ich habe viel durchgemacht in meinem Leben. Ich habe Mobbing erlebt, Mädchen, die mir viel bedeutet haben, haben mein Herz gebrochen. Ich war so häufig verletzt, dass ich anfing, genau so eine Mauer zu bauen. Ich wurde "kalt" nicht im Sinne von cool sondern einfach "kalt". Kein Gefühl und keine Emotion außer purer Gleichgültigkeit konnte man an mir erkennen und etwas anderes war auch gar nicht da. Jeder Schmerz und auch alle Gelüste habe ich versteckt in meinem Innersten hinter dieser Wand. Immer mehr Schmerzen prallten an dieser Wand ab und von Tag zu Tag stapelte ich mehr Steine darauf. Alles und jeder wurde mir egal. Selbst meine Familie war mir irgendwann völlig egal. Mir war egal, wie es ihnen ging und es war mir egal, wie ich sie behandelt habe. Wie sich Freude anfühlt, habe ich völlig vergessen. Wie die Geschichte uns zeigt, halten Mauern nicht allzu gut, wenn andauernd etwas dagegen geworfen wird. So auch bei mir. Ein aus Eifersucht resultierender Schmerz wurde gegen meine Mauer geworfen und sie brach zusammen. Alles, was ich bis dahin verdrängt habe, kam auf einmal zum Vorschein. Und alle Gefühle, die ich hinter der Wand einschloss, fühlte ich gleichzeitig. Ich bin so dankbar, dass mein bester Freund bei mir war, denn ich konnte nicht mehr. Ich war bereit, mir selbst das Leben zu nehmen. Ich wollte mich vor einen Bus werfen. (Es klingt deutlich dramatischer als es ist. Es war mitten in der Nacht und auf dem Dorf fährt da nichts.) Dieser Schmerz tat so weh und mir wurde klar, dass keine Mauer für ewig halten kann."

Erkennst du dich wieder? Wie hoch ist deine Mauer? Oder ist sie vielleicht schon mal eingebrochen? Keine Mauer bleibt beständig. Irgendwann kommen alle Schmerzen zum Vorschein und dann musst du dich allen gleichzeitig stellen. Gott möchte dein Herz erkennen, damit diese Schmerzen heilen können. Er will dein Herz heilen. Wenn du so bist, wie ich. Wenn du "kalt" bist und es dir schwer fällt, Gefühle zuzulassen, dann sei dir sicher, du bist nicht alleine. Ich kann bis heute nicht weinen. Ich leide bis heute an den Folgen meiner Mauer. Wenn du bereit bist, dich mit deinen Schmerzen auseinanderzusetzen, bete diese Verse aus. Wenn du merkst, dass dich etwas hindert, wenn du spürst, dass es dir noch zu viel ist, will ich dich ermutigen, das Gebet aus dem Anhang zu beten, bevor du diese Verse sprichst. Es ist ein großer Schritt, vor allem weil wir häufig wissen, was da alles kommen kann. Ich versichere dir aber, dass Gott da ist, um dein Herz zu heilen und nicht dafür, um dich leiden zu sehen. Jesus hat unsere Schmerzen auf sich genommen (vgl. Jesaja 53,4), damit wir frei sein und unsere Mauern niederreißen lassen können. Bist du bereit dafür, deine Schmerzen offenbar gemacht zu bekommen, aber auch Heilung geschehen zu lassen und deine Gefühle zu zeigen?

"Prüfe mich"! Sicher? Das willst du? Der, der alles weiß, soll dich prüfen? All deine Scham, verdrängte Sünden und deine Schmerzen haben wir ans Licht geholt. Der letzte Teil des Verses, zielt auf deine Gedanken ab. Darauf, aus welchen Gründen du handelst und was dich unterbewusst lenkt. Wenn du das betest, kann es passieren, dass sich deine Gedanken als gar nicht so fromm herausstellen. Deine Absichten mögen edel sein, aber Gott weiß, was unterbewusst und in Wirklichkeit dahintersteckt. Hierbei kommen auch Götzen zum Vorschein, die dir vielleicht gar nicht bewusst sind. Es können auch Antworten zum Vorschein kommen, zu denen du die Fragen noch gar nicht gestellt hast. Also bist du bereit zu beten?

"Prüfe mich und erkenne, wie ich es meine;"

David bezieht sich hier auf die Verse 19-22. Er redet von seinen Feinden, wie sie Gott lästern und wie sehr er sie hasst. Er denkt, dass er hier im Recht ist und bittet Gott, dies zu prüfen und ihm zu offenbaren, ob er auf Abwege geraten ist.

"Und sieh, ob ich auf bösem Weg bin, Und leite mich auf dem ewigen Weg!"
Psalm 139, 24

"Prüfe mich" spielt genau darauf an. Auf welchem Weg gehst du gerade und entsprechen deine Gedanken dem ewigen Weg Gottes. Aus welcher Motivation handelst du wirklich? Lass Gott prüfen, aus welchem Grund du so handelst, wie du handelst. Es ist leicht zu sagen, dass du alles für Gott tust und ihn ehren möchtest. Klingt auch schön, aber es ist leider nicht immer so und wenn du ehrlich bist, wirst du an der einen oder anderen Stelle deiner Handlungen merken, dass deine Beweggründe ganz anders waren.

"Ich schreibe Poetry Slams. Also eine Art Gedichte nur ein wenig fetziger. Ich habe auf Jugendfreizeiten häufig meine Texte vortragen können und thematisch ging es um Gott und als ich auf der Bühne stand, dachte ich auch, ich mache das für Gott. Es war nur nicht so. Ich habe das für Anerkennung gemacht. Ich wollte, dass jemand zu mir kommt und mir erzählt, wie toll ich bin. Als ich nach Jahren wieder zum Glauben gefunden habe, habe ich auch wieder auf derselben Freizeit Texte vorgetragen. Diesmal aber für Gott, um ihn und nicht mich groß zu machen. Ein paar meiner Freunde kamen zu mir und haben mir genau das gesagt, dass man merkt, dass ich es jetzt für Gott mache und auch erst da wurde mir bewusst, dass ich davor nur mich selbst verherrlicht habe."

Wenn wir uns prüfen lassen, kann es passieren, dass genau sowas zum Vorschein kommt und wir anfangen, uns zu schämen, weil es uns unangenehm ist. Aber deswegen prüft Gott das ja, damit wir das erkennen können. Deshalb lauf dann nicht davon und versteck dich auch nicht, sondern lass Gott einfach wirken und übergib ihm diesen Bereich. In meinem Fall habe ich ihm meine Selbstverherrlichung gegeben, damit ich ihn groß mache und nicht mich. Gib diese Gedanken ab, die du tief in dir versteckt hast. Es gibt auch Lebensbereiche, die mit Gott direkt nicht so viel zu tun haben, wie dieses Beispiel. Es geht um die Dinge, die wir tun, die wir selbst nicht immer verstehen. Dinge, die uns häufig von Gott wegziehen. Eine Freundin von mir hatte das Problem, dass sie die körperliche Nähe zu Jungs gesucht hat und zwar in einem ungesunden Ausmaß. Das ist ihre Geschichte:

"Ich habe mich schon lange gefragt, warum ich der Nähe von Jungs so viel Bedeutung schenkte. Ob es um eine Freundschaft+ ging oder um meinen Ex, mir war nur die körperliche Nähe wichtig. Dass mein Ex mich gut behandelt hat, war zwar schön, aber wichtiger war mir, dass er mich in den Arm nimmt und mit mir kuschelt. Ich wusste nie, woher das kommt. Eines Tages wollte ich meinen Vater umarmen und er hat mich abgewimmelt. Irgendwie mag er das nicht so, zumindest nicht bei mir. Er sagt mir zwar dass er mich lieb hat, trotzdem ist es bei ihm so. Wenn ich sage: "Hab dich lieb", kommt ein "Dito" oder "ich dich auch". Mir wurde klar, dass ich diese Nähe suche, weil ich sie von meinem Vater nicht bekommen habe."

Was wäre wohl passiert, wenn sie sich von Gott prüfen lassen hätte? Ich glaube, Gott möchte uns die Antworten auf genau solche Fragen geben. Ich glaube, er will uns prüfen, damit wir näher zu ihm kommen und genauso etwas bei ihm ablegen können. Erkennst du ähnliche Dinge in deinem Leben? Es muss ja nicht die Nähe von Jungs sein. Vielleicht ist es Aufmerksamkeit oder Lob. Wenn du merkst, du hast so etwas in deinem Leben und es zieht dich von Gott weg -und das wird es früher oder später- dann bete diesen Psalm. Dann mach besonders die Verse 23-24 zu deinem Gebet. Diese Verse zu beten, wird dir viel zeigen, deshalb sei bereit, dass eine Menge Unangenehmes ans Licht kommen könnte und dass nicht nur einmal. Denk bitte daran, dass Gott es nur gut mit dir meint und dich auch nicht alleine lässt. Er geht mit dir da durch, so wie er mit den Freunden von Daniel im Feuerofen stand (Daniel 3, 21-25). So steht er auch dir bei, wenn du anfängst, diese Verse zu beten und du Gott bittest, dich zu erforschen, zu prüfen und dein Herz zu erkennen.

Dein vollgemüllter Thron

Du hast dich von Gott prüfen lassen und vielleicht kam ein Götze in deinem Leben zum Vorschein. Es kann auch sein, dass du andere Götzen hast, die du kennst, aber nicht als Götzen klassifiziert hast. Egal, so gut wie jeder hat oder hatte schon einmal Götzen in seinem Leben. So einen Götzen hat man schneller, als man denkt. Viele wissen gar nicht, dass sie welche haben, bis sie sich einmal mit dem Thema befassen. Aber was genau sind Götzen überhaupt und woran kannst du sie erkennen ?

"Ihr wisst, dass ihr einst Heiden wart und euch fortreißen ließt zu den stummen Götzen, so wie ihr geführt wurdet."
1.Korinther 12, 2

Bevor du dein neues Leben in Christus geführt hast. Also, als du geistig, sozusagen tot gewesen bist, wurde dein Leben von deinem Leib und dessen Bedürfnissen bestimmt. Diese fleischlichen Begierden sind meistens die, die dir im Nachhinein weh tun. Das sind die Sachen, die du getan hast, welche dir im vorherigen Kapitel vor Augen geführt wurden. Daher resultiert Scham und Schuld. Ein gutes Beisiel ist Sex vor der Ehe. Der Leib wird von Lust gesteuert. Du findest jemanden attraktiv und ihr lernt euch kennen. Ihr kommt euch näher und es kommt zum Kuss. Die Nähe und das gegenseitige Berühren fühlt sich gut an und so kommt es, dass es immer mehr wird.

Es kommt zu Sex und das immer häufiger. Vielleicht auch mit unterschiedlichen Leuten. Du beginnst dann irgendwann dein Leben mit Jesus und du merkst, dass das gar nicht so gut war. Du fängst an, dich an dieses Prinzip zu halten. Der Leib und der Geist fangen an zu streiten. Die Erinnerungen nagen an dir und diese Lust, die du als positiv abgestempelt hast, wird zu etwas, das dich quält. Paulus schreibt im Galaterbrief genau davon.

"Denn das Fleisch gelüstet gegen den Geist und der Geist gegen das Fleisch; und diese widerstreben einander, sodass ihr nicht das tut, was ihr wollt."
Galater 5, 17

Dein altes Leben wurde kontrolliert von den Gelüsten deines Leibes. Dadurch, dass du jetzt mit Jesus verbunden bist, herrscht ein Zwiespalt zwischen dem, was dein Geist möchte und was dein Leib möchte. Vielleicht kennst du das Gefühl, wenn dich deine Vergangenheit einholt. Wenn ein Sexpartner dir schreibt und diese Lust wieder in dir hoch kommt. Das ist die Begierde des Leibes. Dein Geist sagt dir, dass das falsch ist und dir nicht gut tun wird. Diese Begierde zieht dich in die Sünde oder anders gesagt, sie zieht dich weg von Jesus. Die Entscheidung ist dann einfach. Es zieht mich von Jesus weg, also lasse ich es. Falls du so eine oder ähnliche Situationen kennst, wirst du wissen, dass es leider nicht so einfach ist. Der Leib ist einfach nicht still und will immer wieder die Befehlsgewalt über dein Leben zurück. So wie du geführt wurdest von deinem Leib, so gab oder gibt es Götzen, die sich an deinen leiblichen Gelüsten orientieren. Und mit diesen Götzen wollen wir Schluss machen. Willst du, dass Gott dir deine Götzen offenbart, damit du sie aus deinem Leben entfernen kannst?

"Nimm mir meine Götzen"

Keine Ahnung, ob du das schon mal gebetet hast, aber wenn du es betest und es ernst meinst, dann kann es sein, dass dir etwas Großes aus deinem Leben gerissen wird. Du hast Götzen, die viel Platz in deinem Leben haben, ohne dass du sie erkennst. Götzen wollen Gottes Platz in deinem Leben einnehmen. Götzen sind sozusagen ein Ersatz für Gott. Ein Platzhalter, den wir über Gott stellen. Welchen Platz hat Gott in deinem Leben? Ist dein Fokus auf Jesus ausgerichtet? Wenn Gott nicht im Zentrum deines Lebens ist, ist es ein Götze. Sei ruhig ehrlich zu dir. Wer oder was sitzt auf dem Thron deines Lebens? Bevor ich darauf zusprechen komme, was es so für Götzen in unserem modernen Alltag gibt, die sich heimlich auf den Thron setzen, möchte ich dir erklären, wie wir diese Götzen in unser Leben lassen.

Von Anfang an wollte jemand deine Beziehung zu Gott sabotieren. Er wollte dich von Gott abbringen und aus seiner Gegenwart locken. Bis heute! Klar, es geht um den Feind, den Widersacher oder auch Teufel genannt. Die Schlange hat im Garten etwas genutzt, das wir Zweifel nennen. Sie wollte Eva einreden, dass Gott es gar nicht gut mit ihnen meint und ihnen etwas vorenthalten möchte. Der Zweifel wurde gesät und was daraus resultierte, wissen wir alle.

"4Da sprach die Schlange zu der Frau: Keineswegs werdet ihr sterben!
5Sondern Gott weiß: An dem Tag, da ihr davon esst, werden euch die Au-
gen geöffnet, und ihr werdet sein wie Gott und werdet erkennen, was Gut
und Böse ist! 6Und die Frau sah, dass von dem Baum gut zu essen wäre,
und dass er eine Lust für die Augen und ein begehrenswerter Baum wäre,
weil er weise macht; und sie nahm von seiner Frucht und aß, und sie gab
davon auch ihrem Mann, der bei ihr war, und er aß."
1.Mose 3, 4-6

Der Feind hat Zweifel gesät und daraus wucherte die Sünde. Hier steht "
Eine Lust für die Augen" erkennst du sie? Die Begierde des Leibes? Die
Zweifel, die der Feind uns glauben lassen will, zielen häufig auf die Begierde
ab. Sie zielen genau auf den Bereich ab, der am schwächsten bei uns ist. In
Vers 1 fragt die Schlange: Hat Gott das wirklich gesagt? Kommt dir das
bekannt vor? Hieraus entsteht dieses die Bibel so auszulegen, wie es gerade passt. Um bei dem Beispiel von Sex vor der Ehe zu bleiben, könnte es
um folgenden Gedanken gehen.

"Hat Gott wirklich gesagt kein Sex vor der Ehe?", "Es gab damals
ja nur Ehe und das Konzept von Beziehung gab es erst später",
"Die Gesetze sind doch aufgehoben?"

Das sind alles Zweifel, alles Dinge, die unser Vertrauen in Gott ins Wanken
bringen und vor allem sind es Dinge, die dich zur Sünde verleiten. Der
Feind setzt alles daran, dass du dich von Gott entfernst und an ihm zwei-
felst. Zweifel schwächen unser Vertrauen in Gott und wenn das geschwächt

ist, geben wir Götzen Raum in unser Leben zu kommen. Gott hat Verheißungen und Versprechen für dich. Kennst du sie? Weißt du, was Gott über dich und dein Leben weiß? Und vor allem vertraust du ihm und glaubst, dass die Versprechen für dich zählen. Glaubst du, dass er seine Versprechen auch in deinem Leben wahrmachen wird? Zu glauben, dass Gott etwas kann und macht, ist die eine Sache. Das Schwierige ist, zu glauben, dass es auch die Wahrheit auf persönlicher Ebene ist. Ich kenne das auch, aber ich kann dir versichern, Gottes Verheißungen und Versprechen gelten für dich genauso wie für mich und wie für jeden anderen Menschen auch. Gott hat keinen Kreis von Verheißungsempfängern bestimmt und lässt andere leer ausgehen. NEIN! Seine Versprechen gelten auch für DICH! Diese Zweifel und Gedanken sind nichts Neues für Gott. Schon ganz viele vor dir haben gezweifelt und Götzen Raum gegeben. Wir müssen lernen, zu uns selbst ehrlich zu sein und zuzugeben, dass wir Zweifel und Götzen in unser Leben gelassen haben.

"4Und er nahm es aus ihrer Hand entgegen und bildete es mit dem Meißel und machte ein gegossenes Kalb. Da sprachen sie: Das sind eure Götter, Israel, die dich aus dem Land Ägypten heraufgeführt haben! 5Als Aaron das sah, baute er einen Altar vor ihm und ließ ausrufen und sprach: Morgen ist ein Fest für den Herrn!"
2.Mose 32, 4-5

Falls du die Geschichte nicht kennst, mit dem Auszug aus Ägypten, kann ich sie dir nur empfehlen. Die Israeliten sind schon eine interessante Truppe in dieser Geschichte. Hier machen sie sich eine Götzenfigur und beten sie an und das, obwohl sie alle richtig Krasses mit Gott erlebt haben. Er geht vor ihnen her als Feuer- und Windsäule, er teilt das Meer und zerschmettert die Ägypter unter den Wassermassen, er kam mit zehn Plagen.... Dieser Gott, mit dem sie das erlebt haben, war mit Mose, ihrem Anführer, im Gespräch. Hier bekommt Mose die Zehn Gebote. Die Israeliten bekamen Zweifel, sie mussten warten und wussten nicht wie lange. So nahmen sie sich all ihr Gold und schufen sich einen neuen Gott. Wie blöd kann man sein, denkst du dir jetzt villeicht, aber wie oft machen wir das gleiche? Was hast du schon so mit Gott erlebt? Manchmal musst du auch warten und dich geduldden. Wie oft kommen dann Zweifel in dir hoch, wie oft denkst du, Gott wirkt doch eh nicht? Wie oft bist du dann schon von deinem Fokus abgekommen? Na? Erkennst du dich? Der Götze der Israeliten war offensichtlich. Unsere sind unscheinbar und wir erkennen sie häufig nicht -nicht auf den ersten Blick. Ich möchte dir ein paar Götzen vorstellen, die dir eventuell bekannt vorkommen.

Es gibt Menschen, und vielleicht zählst du auch dazu, die Geld und Erfolg als den Fokus ihres Lebens bestimmt haben. Sie streben nach mehr Geld und versuchen sich immer mehr Reichtum anzuhäufen. Geld ist in sich selbst kein Problem, die Macht, die wir Geld zusprechen, allerdings schon. "Geld beherrscht die Welt" ist ein Satz, den wir alle schonmal gehört haben. Es gibt unzählige Menschen, die genau das denken, die denken, dass Geld ihr Leben beherrscht. Hattest du schonmal Geldsorgen? Gab es etwas, das du dir finanziell nicht erlauben oder kaufen konntest? Oder gab es etwas, das deine Eltern dir nicht zahlen konnten? Wenn man nicht so viel Geld hat wie die anderen, kann das eine echte Belastung für einen sein. Man möchte auch nicht, dass es andere wissen oder mitbekommen.

"Ich hatte mal eine Fahrt nach England von meiner Schule aus. Meine Mum konnte mir nicht so viel Geld mitgeben. Ich war ehrlich gesagt echt traurig deswegen, weil schon im Bus alle darüber gesprochen haben, wie viel sie denn mitbekommen haben. Ich musste mein Essen und auch Souvenirs davon bezahlen und es war auch ohne viel Geld eine tolle Zeit. Doch selbst heute noch nehme ich es als negativ behaftete Erinnerung wahr, nur wegen Geld."

Ich kenne es eher, nicht so viel zu haben, aber viel Geld zu haben, kann genauso dafür sorgen, dass wir Geld anbeten anstatt Gott. Wenn du anfängst Geld mehr Bedeutung zu geben, kann es schnell passieren, dass du dich darauf fixierst. Geld ist etwas Materielles, etwas Zählbares. Es hat den Vorteil, dass du visuell sehen kannst, wie viel du hast. Mit Geld kannst du deine Versorgung sicherstellen. Das ist auch gut. Wichtig ist zu verstehen, wer dein Versorger ist. Geld ist nicht dein Versorger. Geld ist eine Versorgung. Gott möchte dein Versorger sein. Er möchte, dass du ihm vertraust in allen Dingen. Vertraust du ihm? Glaubst du, dass er dich versorgen wird? Wenn es dir schwerfällt, Gott in diesem Bereich zu glauben, kann es ein Indikator dafür sein, dass Geld ein Götze in deinem Leben geworden ist. Wenn in deiner Gemeinde um ein Opfer gebeten wird, wie gibst du? Gibst du überhaupt? Machst du dir Sorgen, ob du die zwei Euro vielleicht noch brauchen kannst, denkst du über deine Versorgung nach? Ob nicht vielleicht doch noch eine Rechnung kommt? Kommen Zweifel in dir hoch, ob du über die Runden kommst? Ich wollte nie geben, das war immer so ein innerlicher Kampf. Mir war das Geld wichtiger als Gott. Ich konnte es echt nicht loslassen. Geld hat mich beherrscht, ohne Geld ging es mir nicht gut. Ich war am verzweifeln, wenn ich mir etwas nicht kaufen konnte. Es hat lange gedauert, bis ich begriffen habe, dass Geld mein Götze geworden ist, dass Geld mein Leben kontrolliert hat. Wir geben Geld viel zu häufig Macht in unserem Leben. Wir lassen zu, dass Geld in unserem Leben herrschen darf. Gott versorgt uns und wir sollen nur glauben. Wir müssen lernen, genau darauf zu vertrauen. Wenn du diese Zweifel an Gottes Versprechen zulässt, dass er dich versorgen wird, wirst du dich an Geld festklammern und kannst die Freiheit Gottes nicht aufnehmen. Du wirst ein Sklave deines Götzen. Du wirst versklavt von dem Geld, wo du gehofft hast, dass es dir Freiheit bringt. Mir hat es geholfen, zu erkennen, dass ich alles von Gott habe und er mir alles schenkt.

"Denn wer gibt dir den Vorzug? Und was besitzt du, das du nicht empfangen hast? Wenn du es aber empfangen hast, was rühmst du dich, als ob du es nicht empfangen hättest?"
1.Korinther 4, 7

Als ich den Vers gelesen habe, hat der Heilige Geist mir bewusst gemacht, dass Gott mir alles geschenkt hat, das ich habe. Mein Zuhause, meine Freunde, mein Essen, meine Arbeit und auch meine Finanzen. Alles hat mir Gott gegeben und für dich gilt das gleiche. Ich will dich ermutigen, dass du das über deinem Leben proklamierst. Lass wirklich zu, dass Gott dich versorgt. Gott kann so viele Brote und Fische in den Körben vermehren, wie er will. Aber es bringt nichts, wenn du deine Hände nicht aufmachen willst und es nicht annimmst. Lass Gott deinen Versorger sein. Ich durfte in meinem Leben schon oft erleben, dass Gott der beste Versorger ist. In England habe ich andauernd Essen geschenkt bekommen und war nicht ein einziges Mal hungrig. Um das Mysterium zu lösen: Ich hatte umgerechnet 40 Euro dabei. Gott versorgt dich genauso, wie er mich versorgt hat und noch versorgen wird. Die Frage ist nicht, ob Gott das tut, sondern ob du das möchtest und du ihm vertrauen willst, dass er das tut. Oder möchtest du weiter von Geld beherrscht werden?

Ein Götze, der vor allem in der jungen Generation vertreten ist, ist das Handy. Ohh Ja, dein ach so geliebtes Smartphone. Du hast es schon befürchtet, oder? Wenn man von Götzen redet oder von Dingen, die uns von Jesus ablenken, vibriert es in deiner Hosentasche und du fühlst dich ertappt, weil es in deinen Fingern zuckt. Du willst wissen, was es Neues gibt. Du willst wissen, welches Gebäude fertiggestellt wurde oder wer deine Story geliked hat. Es ist schon fast ein Drang an dieses Gerät zu gehen. Wie es ist, wenn man von seinem Handy weggezogen wird, macht dieses Zeugnis deutlich:

> "Ich weiß nicht, wie es anfing. Ich weiß nur, wo ich war und wie es mir auffiel. Ich habe viel Zeit auf TikTok und Insta verbracht. Die vielen Videos und Bilder haben mich abgelenkt und mir kurzzeitige Befriedigung gegeben. Immer mehr wurde ich weggezogen von der Realität und vor allem von Gott. Irgendwann wurden mir Videos über Gott vorgeschlagen. Ich merkte, wie weit ich mich entfernt habe, wie sehr ich die Beziehung zu Gott schleifen lassen und dass ich mich von ihm distanziert habe. Als mir das klar wurde und ich mir das eingestehen konnte, wurde mir bewusst, dass ich das ändern muss und wieder in meine Beziehung zu Jesus investieren muss."

Die Moderne hat uns viel Gutes geschenkt, aber auch vor neue Herausforderungen gestellt. Jesus zu folgen wird schwer, wenn du auf einen Bildschirm schaust. Hast du schon mal bei einem Marathon zugeschaut oder zumindest mal Bilder gesehen? Du wirst keinen der Läufer mit einem Handy in der Hand sehen, weil sie zielgerichtet laufen. Sie schauen auf den Weg, der vor ihnen liegt und haben ihren Fokus auf das Ziel gerichtet. Geh mal auf deine Bildschirmzeit. Wie viel Zeit verbringst du mit deinem Handy? Jetzt überleg dir mal, wie viel Zeit du heute mit Jesus verbracht hast. Wie viel deiner Bildschirmzeit war notwendig? Also wie viel Zeit hast du mit Freunden verbracht, warst im Bus oder musstest du deiner Mutter schreiben? Wie viel Zeit hast du dann noch übrig, wenn du sowas alles abziehst. Ich möchte gar nicht sagen, dass es schlecht ist, am Handy zu sein. Es kann auch mal ganz schön sein, ein Video auf Youtube anzusehen. Es ist auch mal schön ein Spiel zu spielen oder lustige Bilder zu machen. Es geht hier nicht um das Ob, sondern um das Wieviel. Bei vielen ist es zu viel und bei vielen nimmt dieses Gerät das Leben ein. Warst du mal ohne Handy draußen oder musstest ohne Handy klarkommen, weil es beispielsweise kaputt war? Wie hast du dich gefühlt? War es schrecklich oder war es anders, aber völlig in Ordnung? Die praktische Seite zu vermissen, ist nicht schlimm. Aber ist das verabreden und planen nur einfacher oder wirst du nervös, wenn du nicht durchgehend draufgucken kannst. Leg dein Handy mal für eine Weile zur Seite. Lies Bibel oder das Buch hier oder mach Musik, triff dich mit Freunden. Mach irgendwas und guck, ob du nervös wirst oder ob es dir kaum auffällt, dass es fehlt. Das Handy ist so in unser Leben integriert, dass es kaum wegzudenken ist, aber genau das ist das Problem. Soll es wirklich so einen großen Platz in deinem Leben haben? Wenn wir Spiele spielen, kommt es häufig vor, dass wir uns eine Verantwortung aufbürden. Wir haben einen Zwang täglich ins Spiel zu gehen und verbringen dort auch gerne mal Stunden. Ich weiß nicht, was du alles spielst und machst an deinem Handy, aber was davon führt dich näher zu Jesus? Oder denkst du nicht über deinen Fokus nach, während du auf dein Handy schaust? Hast du schon mal gemerkt, wie es dich von der Predigt ablenkt, wie du aus dem Lobpreis gerissen wirst ? Dann solltest du dir überlegen, ob dein Handy vielleicht zu viel Macht in deinem Leben hat.

Ich habe schon so viele Jugendliche gesehen, die wie Haustiere an ihre Geräte gekettet sind. Das Handy darf ihr Leben bestimmen. Wieso? Weil es uns alles gibt, was wir brauchen. Weil es diese Sehnsucht in den Herzen füllt. Oder nicht? Naja, das Handy kann das füllen, aber nur vorübergehend. Es sind Zweifel, die uns einreden, dass das Handy uns gut tut und wir es brauchen. Die durchgängige Reizüberflutung stillt unseren Durst. Wir wissen gar nicht nach was, aber es tut es. Unser Durst kommt immer wieder. Jedesmal, wenn wir nicht mehr am Handy sind. Oder es still in unserer Tasche vibriert.

"13Jesus antwortete und sprach zu ihr: Jeden, der von diesem Wasser trinkt, wird wieder dürsten. 14Wer aber von dem Wasser trinkt, das ich ihm geben werde, den wird in Ewigkeit nicht dürsten, sondern das Wasser, das ich ihm geben werde, wird in ihm zu einer Quelle von Wasser werden, das bis ins ewige Leben quillt."
Johannes 4, 13-14

Jesus erfüllt uns vollständig und kann diesen Durst stillen. Du musst bereit sein, dieses Wasser zu nehmen. Schau dir an wie viel Zeit du am Handy verbringst und wie viel dieser Zeit dir wirklich gut tut. Überleg dir, ob es für dein Leben besser sein könnte, die Handyzeit zu reduzieren und die Jesuszeit zu erhöhen. Trink das Wasser, das Jesus dir geben möchte. Nimm einen großen Schluck und gib Jesus seinen Thron in deinem Leben zurück. Lass dich nicht ablenken von deinem Handy und vor allem lass dein Leben davon nicht bestimmen. Lerne dein Handy mal wegzulegen und richte deinen Fokus neu auf Gott aus. Nimm wirklich an, im Hier und Jetzt zu sein. Du brauchst nicht zu flüchten in die virtuelle und digitale Welt, um deinen Durst zu stillen. Komm einfach zu Jesus und lass dir sein lebendiges Wasser geben.

Ich habe es schon einmal angesprochen, dass die Begierde des Leibes eine große Rolle dabei spielt, was wir Raum in unserem Leben geben. Bei dem Thema Lust und Sex kommt diese Begierde sehr gut zum Ausdruck. Die körperliche Nähe zu anderen Menschen kann zu einem Bedürfnis werden, das uns mit "Liebe" versorgt. Mit einer falschen Liebe, die nur körperlich spürbar ist. Durch viel Sex mit unterschiedlichsten Menschen gibst du dich selbst anderen hin und gibst ihnen dich. Willst du das? Willst du dich anderen so hingeben für eine Liebe, die vergänglich ist? Ich brauche dir nicht erklären, dass Gott dich liebt. Das weißt du. Es geht darum, ob du ihm vertrauen kannst und du diese Liebe annehmen möchtest. Willst du seine Liebe oder vergängliche und körperliche Liebe? Überleg dir wirklich, wem du dich ganz hingeben möchtest und ob jeder Dahergelaufene dich haben soll. Gott hat für jeden den richtigen Partner. Dass Sex in die Ehe soll, hat Gott nicht ohne Grund gesagt. Vertrau und zweifle nicht daran. Vertrau darauf, dass seine Liebe genug ist.

Lust resultiert aus Sex aber auch aus Selbstbefriedigung. Das ist doch gar nicht so schlimm, würden jetzt einige behaupten, aber ist das so? Ich kenne keinen Nachfolger, der sagt, wie toll es ist. Das größte Problem daran ist nicht die Handlung an sich, sondern eher das Gedankengut, das daraus resultiert. Wir fangen an, Menschen anders anzusehen. Wir blicken andere an wie unser Grillgut an der Fleischtheke. Ist es Gottes Wille, dass wir so, andere Kinder Gottes anschauen? Möchtest du, dass dein Körper erstmal genau gemustert wird beim ersten Treffen? Gefällt es dir, förmlich von deinem Gegenüber und von seinen Blicken ausgezogen zu werden? Ich denke nicht. Und deshalb ist es so wichtig, das anzusprechen. Es ist ein Thema, das mit Scham behaftet ist und wenn wir uns schämen, rennen wir weg von Gott und auch das ist nicht hilfreich, wenn dein Fokus auf Jesus gerichtet ist. Die Lust kann dich beherrschen. Sie will dir vermitteln, dass das Gefühl, was du dabei hast, nur bei Selbstbefriedigung zu finden ist. Sie möchte dich beeinflussen, damit du abhängig davon wirst. Irgendwann denkst du, du brauchst dieses Gefühl und bekommst es nirgends anders, eine Lüge des Feindes. Du wirst ernüchtert feststellen, dass das Gefühl so schnell verschwindet, wie es gekommen ist. Ein weiterer Punkt kommt in der Bergpredigt vor. Ehebruch (Matthäus 5, 27-28). Wie gefällt dir der Gedanke, deinem zukünftigen Partner zu erzählen, mit wie vielen du vor ihm schon Sex hattest? Oder an wie viele du schon gedacht hast, während du an dir selbst spielst? Wenn du jetzt jeder Frau hinterherguckst, wirst du das schwer abstellen können, wenn du einen Partner hast. Fang jetzt an, diesen Götzen aus deinem Leben zu werfen. Fang jetzt an, die Sehnsucht nach Liebe bei Gott erfüllen zu lassen. Die Lust lenkt dich ab. Wenn du durch die Stadt gehst und du jemanden siehst, der dir gefällt, wirst du abgelenkt. Du bist nicht fokussiert und es bringt dich von deinem Fokus ab. Ich habe schon oft erlebt, wie Männer das Gespräch vergessen haben, weil eine Frau vorbeigegangen ist. Von dieser Lust will ich mich nicht lenken lassen. Wie ist es mit dir ?

Die Welt von heute und das Internet fördern Götzen wie Lust. Ich glaube, vor 100 Jahren war es noch nicht so ein Thema wie heute. Die Mode war nicht so freizügig und die Menschen haben sich nicht überall zur Schau gestellt. Wenn du mal auf Instagram gehst, wirst du schnell sehen, was ich meine. Überall halb nackte Menschen. Diese Reize triggern Lust und wenn man merkt, dass Lust einen gefangen hält, ist es umso schwerer da rauszukommen, weil überall Triggerpunkte sind. Ich habe beim Schlafen mehr an, als manche Frauen auf der Straße. Überall hat die Lust Reizpunkte, um wieder in dein Leben zu kommen. Lass dir von Gott diesen Götzen nehmen und versuch die Reize zu minimieren. Du bist nicht alleine und Jesus hat den Sieg schon für dich und mich errungen. Mach dir diese Wahrheit bewusst, immer wenn die Zweifel kommen.

Der nächste Götze, von dem ich reden möchte, ist Aufmerksamkeit. Komm schon, jeder mag es Aufmerksamkeit zu bekommen. Jeder hört gerne ein Kompliment und jeder mag es, gelobt zu werden. Aber das alles sollte nicht dein Leben besitzen. Zu viele Menschen messen ihren Wert an dem, was andere über sie denken. Viele junge Mädchen verkaufen sich im Internet. Sie bekommen Aufmerksamkeit und Wert zugesprochen, weil ihnen Menschen Geld dafür geben. Auf Instagram und TikTok sind überall Menschen und "Influencer", die alles aus ihrem Leben teilen. Jeden Streit, alles was sie essen und sogar ganz private Dinge. Viele brauchen die Bestätigung ihrer Abonnenten und machen sich bei negativen Kommentaren fertig. Andere achten sehr auf ihr Aussehen. Sie geben alles für die neuesten Kla-

motten und Marken aus sowie für das neuste Handy. Sie brauchen es förmlich, im Mittelpunkt zu stehen.

Sie wollen das, was wir alle wollen: Liebe! Wenn du Zweifel daran hast,
dass Gott dich liebt oder wundervoll geschaffen hat, wirst du dich wahrscheinlich hier wieder erkennen. Wenn du deinen Wert in Jesus erkannt
hast, brauchst du nicht deinen Wert in der Aufmerksamkeit suchen, weil du
verstanden hast, dass Gott dich sieht. Seine Aufmerksamkeit ist auf dich
gerichtet, weil du sein geliebtes Kind bist. Der Feind will dich zweifeln lassen, er will dir bewusst machen, dass es wichtig ist, was andere sagen.
Aber wenn dein Fokus auf Jesus gerichtet ist, wen siehst du? Jesus und der
Rest ist verschwommen. So ist es mit der Meinung anderer. Es ist zwar
ratsam, Menschen zu haben, die in dein Leben hineinreden dürfen, aber das
sollten Menschen sein, deren Fokus auf Jesus liegt. Frag dich einfach selbst,
ob du um Aufmerksamkeit ringst und ob du dich davon abhängig gemacht
hast. Bestimmt die Aufmerksamkeit, die du bekommst, dein Leben und
dann weißt du ja, was du zu beten hast.

Das alles sind Dinge, die zum Götzen werden können. Aber sie können auch
Teil eines größeren Götzen sein. Ein Götze, der in der ganzen Welt vertreten ist, der sehr durch den Zeitgeist geprägt wird. Das bist du. Ja, du selbst
kannst dein Götze sein. Die Welt versucht uns zu erzählen, mach es so, wie
es dir gefällt. Sei, wer dir gefällt. Kümmer dich erst um dich und dann guck,
ob du noch Kapazitäten hast für andere. Kümmere dich um deine Bedürfnisse, egal was mit den anderen ist. Na? Kommen dir diese Aussagen bekannt vor? Überall finden wir solche Ich-bezogenen Sätze, ob als Werbung
oder spirituelle Wegweisung. Überall und an jeder Ecke erwartet uns eine

Aufforderung, uns selbst zu einem Götzen zu machen. Alles und jeder versucht dir zu vermitteln, dass du der Mittelpunkt deines Lebens bist und dass sich die Welt um dich dreht. Wenn du anfängst, deine Wünsche und Bedürfnisse vor alles andere zu stellen, schiebst du Gott von dem Thron deines Lebens. Sein Wille rückt in den Hintergrund und nach deinem wirst du anfangen zu leben. Ich glaube, es gibt kaum etwas, das uns so sehr von Gott wegziehen kann wie unser Egoismus. Wenn du deinen Fokus auf dich selbst legst, wirst du irgendwann merken, wie weit du weggelaufen bist. Nur Gott hat die Weitsicht und seine Wege sind besser als unsere. Es ist wie die Schlange, die im Garten Adam und Eva versucht hat zu erzählen, dass sie Gott sein könnten (1.Mose 3,5). So versucht der Feind, dir dasselbe klar zu machen. Er will dir sagen, dass du selber Gott deines Lebens sein kannst. Wie auch die ersten Menschen gemerkt haben, dass sie belogen wurden. Wirst auch du es merken, wenn du auf diese Zweifel hereinfällst. Gott hat einen guten Plan für dich und nur Gutes für dich und dein Leben im Sinn. Vertraust du darauf? Glaubst du das? Bist du bereit, Gott den Thron zu überlassen? Bist du bereit, deinen Fokus auf Jesus auszurichten? Bist du bereit, "dein Wille geschehe" in einem neuen Bewusstsein zu beten? Bist du bereit, dass Gott dir deine Götzen nimmt?

Vieles kann zu einem Götzen in deinem Leben werden. Aber nicht alles, was dich von Gott wegzieht ist automatisch ein Götze. Die Götzen, die in deinem Leben sind, halten dich ab von Gott und ziehen dich weg. Die anderen Dingen in deinem Leben können dich genauso ablenken und von ihm wegziehen. Wie ist dein Tagesablauf? Was machst du, wenn du nach Hause kommst? Netflix? Zocken? Mittagsschlaf? Es gibt so viele Dinge in unserem Leben, die sowohl schlecht als auch gut sind. An Netflixgucken ist nichts Schlechtes, außer wenn du es täglich acht Stunden machst. Wenn du Netflix guckst und deswegen nicht Bibel liest und nicht betest. Es kommt immer darauf an, in welchem Maß und mit welcher Absicht du etwas machst. Willst du mal abschalten und guckst eine Folge deiner Serie, ist das vollkommen in Ordnung. Wenn du mit deinen Freunden eine Runde zocken möchtest, stört das keinen. Prüfe für dich selber, ob es ein gesundes Maß ist und ob du trotzdem noch deinen Fokus auf Jesus gerichtet hast.

"Trachtet nach dem, was droben ist, nicht nach dem, was auf Erden ist;"
Kolosser 3, 2

Die Welt bietet dir viele Dinge. Manches führt dich in Versuchung. Manches bringt dich näher zu Gott. Und wiederum manches macht dir einfach Freude. Es kommt auf das Maß an. Ich möchte dich ermutigen, dich von deinen Götzen zu lösen, aber ich hoffe dir ist auch bewusst, dass es ein großer Einschnitt in dein Leben sein kann, wenn Gott sie dir wegreißt. "Nimm mir meine Götzen" ist ein lebensveränderndes Gebet. Bist du aber bereit, dass sich dein Leben verändert? Bist du bereit, die Zweifel fallen zu lassen? Und bist du bereit, Gott seinen Thron in deinem Leben zurückzugeben?

Hart aber erhört!

"Nimm mir, was mich von dir trennt!"

Wir alle kennen diesen Moment, wenn wir auf einem Kongress, einer Freizeit oder sonst einem christlichen Event sind. Die Predigt war genau für dich bestimmt. Der Lobpreis hat dein Herz berührt und vielleicht bist du sogar auf die Knie gegangen. Du wendest dich an Gott und willst deine Beziehung zu Jesus ganz neu aufblühen lassen. Du willst alles entfernen, was dich von ihm trennt, was deinen Fokus verschwimmen lässt. Du sagst dir selbst etwas, wie "Das ist mein Jahr, jetzt geht es richtig los." Du fängst an mit beten, damit Gott alles nimmt, was dich von ihm trennt. Ich selbst hatte diese Momente, ich selbst habe das schon oft gebetet und ich selbst hatte danach genau den gleichen Alltag. Der Alltag ist schon etwas Herausforderndes. Der Alltag ist es manchmal, der mich von Gott trennt. Vielleicht muss ich ja einfach weniger zu tun haben im Alltag?. Frührentner, das ist das, was mein Glaubensleben braucht! Natürlich wäre das praktisch und eventuell hilft das auch mir und meinem Glauben. Aber das ist nicht das, was wir als die Lösung für dieses Problem betrachten. Der Alltag ist ablenkend und auch vollgestopft mit Terminen, aber ich glaube das ist nicht das Problem hier. Ich glaube, warum sich häufig etwas nicht ändert, ist, dass wir gar nicht wollen, dass Gott unser Gebet erhört.

Du willst voll durchstarten mit Jesus? Du sagst, das ist dein Jahr? Du willst, dass sich endlich etwas ändert in deiner Beziehung zu Jesus? Bis hierhin: Ja! Sehr geil! Weiter so! Zu den Punkten habe ich schon etwas erzählt und deshalb gehe ich darauf jetzt auch nicht mehr ein. Wenn du nicht weißt was, solltest du vielleicht nochmal zurückblättern und nochmal nachlesen. Falls du dich doch erinnern kannst, kommt ein sehr unangenehmer Teil auf dich zu. Das Gebet, das andauernd in unseren "Hoch-Phasen" gebetet wird, das wir aber nicht erhört haben wollen.

"Nimm mir, was mich von dir trennt"

Es gibt weitaus mehr Ausführungen -manche spezifischer, manche schwammiger- aber im Großen und Ganzen drücken sie alle dasselbe aus, dass Gott uns etwas wegnehmen soll. Wirklich!? Das willst du? Du willst, dass Gott etwas nimmt? Es dir aus dem Leben reißt? SICHER? Du merkst vielleicht, dass du wirklich mehr darauf achten solltest, was du da betest. Ich verstehe diesen Affekt, aus dem viele da handeln. "Jetzt ist mein Start-schuss". Voll die gute Einstellung. Aber in Sachen Glaube bringt uns das Motto "Der Wille zählt" leider nicht immer etwas. Bist du bereit, dir Dinge nehmen zu lassen? Dann fang an, es ernst zu meinen, was du da betest. Eine Freundin von mir hat genau das getan:

> "Ich habe gebetet: Jesus, wenn dieser Junge nicht in meinem Le-
> ben sein soll und er nicht für mich bestimmt ist, dann entferne ihn
> aus meinem Leben. Das tat Gott auch und es fiel mir richtig
> schwer, weil ich es eigentlich nicht wollte. Ich wollte dieses Gebet

eigentlich nicht aussprechen, weil ich wusste, dass dieser Junge nicht für mich bestimmt war. Ich hatte es mir aber gewünscht. Als ich nach fünf Monaten Beziehung dieses Gebet aussprach, ging er drei Tage später aus meinem Leben. Es tat mir sehr weh, aber ich weiß, Gott hat etwas Besseres für mich geplant und diese Gewissheit gibt mir Mut und Kraft."

Gott erhört unsere Gebete. Aber willst du das? Wenn du betest, mach dir klar, was er dir nehmen könnte. Wie meine Freundin, sie wusste im Inneren schon, dass er nicht der richtige Mann ist. Aber Gottes Wille war ihr wichtig und sie hat ihm gesagt, dass er die Freiheit hat, ihr den Jungen zu nehmen. Das sind Gebete, die wir brauchen, Gebete, wo unser eigener Wille zurückgestellt wird, auch wenn es weh tut. Wir müssen lernen, es ernst zu meinen, was wir beten und auf Gottes Plan zu vertrauen, denn dieser ist immer gut. Gott hat nur das beste für uns im Sinn und genau darauf dürfen wir Vertrauen.

In den meisten Fällen wissen wir, was uns von Gott trennt. Wir wissen, was unsere Zeit in Anspruch nimmt. Netflix ist da mein größtes Laster gewesen. Ich möchte nichts schön reden, also mein Alltag bestand gefühlt nur aus Netflix schauen. Dieses Buch wäre auch fast nicht entstanden, weil ich lieber Netflix geguckt habe. Zum Glück gab es jemanden, der in mein Leben sprechen durfte und mir sagte: "Netflix ist eine zu krasse Zeitverschwendung." Zum Glück hat sie mir das gesagt, sonst wäre keiner dieser Gedanken hier aufgeschrieben. Mir war immer schon klar, dass ich zu viel Netflix gucke. Auch, dass ich zu viel zocke, wusste ich genau. Aber ich wollte nicht, dass Gott mir das nimmt. Ich war gar nicht bereit, alles aufzugeben und deshalb habe ich es auch nicht gebetet. So ist das bei vielen, die dieses Gebet sprechen. Sie wollen nicht, dass ihnen Sachen genommen werden. Sie halten es fest und handeln wider ihrem eigenen Gebet. Hier spielt es wieder eine Rolle, wo dein Wille ist. Ob unter oder über dem Willen Gottes eingeordnet. Wie ich Netflix hatte, so hast auch du eine Zeitverschwendung in deinem Leben. Es ist nichts falsch daran, mal etwas anzugucken und auch ist es völlig in Ordnung, sich etwas Nicht-Christliches anzugucken. Es kommt auf die Masse an, wie ich schon im letzten Kapitel erwähnt habe. Diese Ablenkungen können genauso wie Menschen gehen, wenn du das betest. Es kann sein, dass du deinen Spaß an dem Spiel verlierst oder deine Freunde alle keine Zeit mehr dafür haben. Keine Ahnung was passieren kann, aber sei darauf vorbereitet oder sorge selbst dafür, dass es dich nicht von deinem Fokus wegbringt.

Wie ist es um deine Freunde bestellt? Sind das Christen? Motivieren sie dich zum Beten? Oder traust du dich gar nicht, vor ihnen von deinem Glauben zu erzählen? Wir brauchen Gemeinschaft, denn von Anfang an sind wir für ein Leben in Gemeinschaft gemacht, (siehst du auch in der Bibel). Wir brauchen Freunde, Menschen, die uns aufbauen, die uns unterstützen und Menschen, mit denen wir einfach Spaß haben können. Doch es gibt manchmal auch Menschen in unserem Leben, die uns wegziehen von unserem Fokus. Sie bringen uns ab von dem Weg, den Gott für uns bestimmt hat. Es gibt Freunde oder auch Freundesgruppen, die uns nicht gut tun. Sie sprechen schlecht von uns und machen uns runter. Sie behandeln uns wie Schmutz und nutzen uns aus. Das sind Freunde, wo wir selber geben, aber nichts bekommen. Wir hoffen darauf, dass wir etwas zurückbekommen und halten uns an etwas fest, dass nicht mal Halt aus der Hoffnung heraus bietet, dass es zumindest irgendwelche Menschen in unserem Leben sind.

Das sind Freundschaften, wegen denen es uns meistens schlecht geht und wir darunter leiden. Es gibt aber auch die "guten" Freundschaften. Ich selber hatte auch solche Freundschaften, wo man gute Gespräche hatte und zusammen gelacht hat. Aber wir haben auch zusammen Drogen genommen und mehr getrunken, als es uns gut tat. Es ist zwar schön, wenn man zusammen Spaß hat, aber es ist nicht schön, wenn mich meine Freunde von meinem Gott wegziehen. Du kannst deine Freundschaften und Freundesgruppen gerne mal gedanklich durchstöbern. Findest du welche, von denen ich gesprochen habe? Es muss nicht so extrem sein, wie bei mir, aber auch Online-Freunde, die nur zocken wollen und immer wieder sagen: "Komm eine Runde geht noch.", ziehen dich von Gott weg. Wenn du solche Menschen in deinem Leben hast, möchtest du wirklich, dass Gott sie entfernt? Bist du bereit, Freundschaften zu verlieren, für deinen Fokus, für deine Beziehung zu Jesus?

Eine andere Art Mensch, die ich dir schon vorgestellt habe, sind Partner. Also dein Crush! (Zwinker,Zwinker) Für die etwas älteren Leser kurz übersetzt: Die Person, in die man verliebt ist. Es ist schön, diese Schmetterlinge im Bauch zu haben. Dieses schöne Gefühl, wenn man Zeit miteinander verbringt. Ich glaube, für einen Christen ist nichts wichtiger, als Gottes Segen für die Beziehung. Wir fragen nur nicht immer danach, denn wir haben ja gelernt, dass Gott auch mal "Nein" sagt und das wollen wir manchmal nicht hören. Demnach ist es noch gefährlicher, wenn wir beten, dass Gott die Person entfernen soll, wenn sie nicht die richtige für uns ist. Ich selbst hatte auch einmal so eine Situation mit einer Frau. Sie war Christin und wir verstanden uns auch ganz gut. Wir haben uns ein paar Mal getroffen und miteinander telefoniert. Mein Gebet war, wenn es die Richtige ist, lass es gelingen, sonst entferne sie direkt. Gott erhört Gebete. Sie hat mich dann nach dem nächsten Treffen gekorbt. Hart aber erhört. Ein Freund von mir hatte auch eine Situation, wo er eine Frau toll fand und angefangen hat, sie kennenzulernen. Leider war es bei ihm nicht so frisch am Anfang wie bei mir, aber lies es besser selbst, du wirst schon verstehen.

"Anfangs ist sie mir gar nicht so direkt aufgefallen. Ich habe sie im Hauskreis kennengelernt. Einige Zeit später waren wir mit unserer Jugend auf der O'Bros-Tour, dort bin ich das erste Mal richtig auf sie aufmerksam geworden. Wir haben angefangen, mehr miteinander zu reden und auch zu schreiben. Es kam immer mehr zu einer Bindung und ich habe mich in sie verliebt. Ich war so sehr in sie verschossen gewesen, dass ich nicht mehr aufhören konnte, über sie nachzudenken. Wir haben angefangen, uns außerhalb der Gemeinde zu treffen (Spazieren, Café usw.) und genau hier habe ich mich gefragt und zu Gott gebetet, ob es sein Wille sei, dass wir uns angenähert haben. Ich bat Jesus darum, mir zu zeigen, ob es seinem Willen entspricht und sprach noch ein sehr seriöses Gebet aus: ,,Zerstöre alles, was nicht von dir ist, entferne alles, was mich von dir abhält, Amen!" Ich habe gebetet, ohne dass ich mir bewusst gemacht habe, was für Auswirkungen das ausgesprochene Gebet auf mein Leben haben wird. Einige Tage vergingen und wir trafen uns weiter, (es war keine offizielle Kennenlernphase). Wir spazierten im Park mit ein paar anderen Leuten, es war der Tag, an dem ich ihr meine Gefühle offenbarte, indem ich sie fragen wollte, ob sie sich mit mir was vorstellen könne, (eine offizielle Kennenlernphase zu starten). Überraschenderweise war ihre Antwort eher positiv angelehnt . Sie hatte nicht nein gesagt, ''ABER'' und jetzt nimmt alles eine Wendung, ohne dass ich es merkte: ,,Es ist voll stark, dass du es mir gesagt hast und ich schätze es sehr, aber du willst ja Bibelschule machen und ich weiß wie es ist, in der Zeit zu sein,…das heißt nicht dass ich dich in die Friendzone reinschmeiße." Das sollte für mich heißen, dass wir lieber abwarten. Das würde bestimmt jeder so verstehen. Ihre ungefähren letzte Worte waren: ,,Du bist sehr lustig und cool und ich liebe es sehr, mit dir zusammen Zeit zu verbringen, es wäre daher sehr schade, wenn wir nicht mehr weiterhin spontan Sachen gemacht hätten." (Für mich war das ein indirektes Signal, dass ich dranbleiben sollte.) Tage sind vergangen und wir hatten uns mehr und mehr getroffen und ab hier ging es langsam bergab. Ab hier hat Gott angefangen, mein Leben komplett zu verändern, während ich versucht habe, alles zu verdrängen. Wir fingen an, auf verschiedene Partys zu gehen, mal Alkohol, mal Nachtclubs, typisch weltliche Aktivitäten. Ich hatte so sehr diese rosarote Brille auf, dass ich gar nichts mehr um mich herum mitbekommen habe. Wie bei einem Jäger, der bis zum Ende seine Beute jagt und sich von nichts abbringen lässt. Es hat mich weiter in den Abgrund der Sünde und der Dunkelheit gezogen, bis ich Depressionen bekam. Ab hier habe ich realisiert und reflektiert, was gerade abgeht, aber es war leider schon etwas zu spät, ich war innerlich zerfressen und von Gott getrennt. Ich war von dem richtigen Weg abgedriftet. Ich habe begriffen, dass es absolut nicht Gottes Wille für mich war und dementsprechend sie auch nicht die richtige Partnerin für mich und mein Leben ist. Es war für mich eine harte Lektion, aber auch ein Durchbruch. Durch diesen Menschen und die Situation hat Gott mich mehr zu ihm selbst gebracht, damit ich mehr an Jesus dran bin und ihm immer ähnlicher werden kann. Ich bin Gott sehr dankbar für diese Lektion."

Gott nimmt uns diese Dinge zu unserem Besten. Aber er kann uns diese Menschen und Dinge nur nehmen, wenn wir bereit sind, sie herzugeben. Er beklaut dich nicht. Er hat kein Interesse daran, dich zu bestehlen.

"Der Dieb kommt nur, um zu stehlen, zu töten und zu verderben; ich bin gekommen, damit sie das Leben haben und es im Überfluss haben."
Johannes 10, 10

Er will uns das Leben im Überfluss schenken. SCHENKEN. Lass dir das mal auf der Zunge zergehen. Komm, sprich das ruhig mal laut aus, damit du es wirklich verstehst. Er beklaut dich nicht. Wenn du betest, dass er dir etwas nehmen soll, dann musst du es ernst meinen, sonst kann er es gar nicht machen. Damit es uns leichter fällt, etwas gehen zu lassen. Um das Gebet in dem neuen Bewusstsein beten zu können, müssen wir uns bewusst machen, was es bedeutet, wenn Gott etwas nimmt. Wenn du jetzt betest: "Gott nimm mir das, was mich von dir trennt." und dein einer Freund meldet sich nicht mehr bei dir, dann heißt das vielleicht, dass er dir nicht gut getan hat und dich von deinem Fokus weggezogen hat. Gott möchte nur das Beste für dich, sind wir uns da einig? Perfekt! Also wenn Gott nur das Beste für dich möchte und auch weiß, was andere über dich hinter deinem Rücken sagen, wenn er weiß, was deine Freunde über dich denken und welche Absichten Menschen mit dir haben, dann wird er auch wissen, wer dir und deinem Leben gut tut, oder? Ja, das tut er! Willst du aber auch, dass er dir offenbart, dass diese Menschen nicht gut für dich sind. Es sind nicht immer Menschen, die dich verletzt haben und auch nicht immer Menschen, die schlecht von dir denken, aber es sind Menschen, die dich von Gott wegziehen. Andere Menschen beeinflussen uns und das kann zum Guten oder zum Schlechten sein. Es gibt dieses Sprichwort:

"Zeig mir deine Freunde und ich sag dir wer du bist!"

Die Bibel formuliert das so:

"Eisen schärft Eisen, ebenso schärft ein Mensch einen anderen."
Sprüche 27, 17(NLB)

Mit wem du dich umgibst, zu dem wirst du immer mehr werden. Wenn du dich mit gottesfürchtigen Menschen umgibst, wirst du ehrfürchtig, wenn du mit Punkern abhängst, wirst du zum Punk und wenn du mit Alkoholikern zusammen Zeit verbringst, wirst du sehr wahrscheinlich Alkoholiker. Gott möchte dich beschützen und dich an sein Herz bringen. Die Frage ist, ob du das möchtest. Manchmal haben wir diese Menschen sehr gern. Ja, manchmal lieben wir sie auch und manchmal haben wir ihnen auch sehr viel Raum in unserem Leben gegeben. Bist du bereit, Gott etwas oder jemanden aus deinem Leben zu nennen, der nicht gut für dich ist? Du denkst, er ist dein Traummann, aber Gott sieht, dass er nur deinen Körper ansieht. Du denkst, sie ist die perfekte Frau für dich, aber sie will nur deine Aufmerksamkeit. Du denkst, das sind die richtigen Freunde, aber hinter deinem Rücken ziehen sie über dich her. Du weißt nicht alles und kannst auch nicht alles sehen. Aber du hast den Vater auf deiner Seite, den Gott, der alles weiß und alles sieht. Möchtest du ihm vertrauen und ihn machen lassen? Möchtest du ihm dein Leben in die Hand geben? Und möchtest du beten, nimm mir, was mich von dir trennt?

Ich einfach "unvergeberlich"

Wir machen alle mal Fehler. Jeder hat seinen Sündenhaufen in der Vergangenheit angehäuft und Gott hat uns durch Jesu Tod vergeben. Gottes Gnade hat uns frei gemacht von unserer Schuld. Wir dürfen jetzt in Freiheit wandeln und eine Beziehung zu Jesus eingehen.

"denn ich werde gnädig sein gegen ihre Ungerechtigkeiten, und an ihre Sünden und ihre Gesetzlosigkeiten werde ich nicht mehr gedenken."
Hebräer 8, 12

Gott ist ein gnädiger Gott. Er wird nicht unserer Verfehlungen gedenken. Egal, was du gemacht hast oder sogar gedacht hast. Er hat es dir vergeben und das nicht nur ein wenig - sondern komplett. Es gibt nur Vergeben oder halt Nicht-vergeben. Vergebung ist ein endgültiger Faktor, der nicht halb sein kann. Aber was heißt gedenken? Es bedeutet nicht vergessen oder so etwas. Gott vergisst nicht, was wir getan haben. Wir haben getan, was wir getan haben. Er wird dem nicht mehr gedenken, meint, dass er uns nicht anklagt. Es bedeutet, dass es nicht wieder vorgeholt wird. Es liegt bei den Akten. Es ist passiert, aber vergeben und deshalb braucht es nicht wieder vorgeholt werden. Gott ist nicht nachtragend und holt im nächsten Streit deine alten Sünden hervor. Nein. Er vergibt aus reiner Güte und lässt die Vergangenheit ruhen. Gott kann das und tut das auch. Aber wir können das häufig nicht so gut. Meine Eltern sind Menschen, die mir gerne vorhalten, was ich falsch gemacht habe. Du kennst bestimmt auch Geschichten aus deinem Leben, wo man dir etwas vorgehalten hat, was schon längst geklärt gewesen ist. Wir holen Altes gerne wieder vor und nutzen es im Streit. So auch wir selbst, wenn es um unsere Vergangenheit geht.

> "Ich habe früher viele falsche Entscheidungen getroffen. Demnach auch, wenn es darum geht, wen ich in mein Leben lasse. Ich habe falsche Menschen an mich herangelassen und auch Dinge mit ihnen gemacht, die mich lange verfolgt haben. Ich habe das alles hinter mir gelassen und mein neues Leben in Christus angefangen, aber die Vergangenheit hat mich nicht losgelassen. Diese Erinnerungen haben an mir genagt und ich konnte gar nicht vorangehen, bis ich das alles abgegeben habe und Gott bat, mir diese Bilder und die Erinnerungen zu nehmen."

"Nimm mir die Bilder und meine Erinnerung" ist ein Gebet, das Gott bittet, uns etwas zu nehmen. Auch hier ist die Frage, ob du das wirklich möchtest ? Das kann nämlich weh tun. Bist du bereit, das zu beten? Nein? Dachte ich mir, denn das Bewusstsein, was wir brauchen, kommt erst jetzt. Der Grund, warum wir gerne die Vergangenheit vorholen, ist der gleiche Grund, warum dieses Gebet häufig unbeantwortet bleibt. Wir halten uns an der Vergangenheit fest. Es ist logisch, dass wir das machen, denn die Vergangenheit ist passiert. Sie ist unabänderlich und bietet uns deshalb Gewissheit. Wir Menschen mögen Sicherheit. Weltliche Eltern schauen deshalb vielleicht, ob der Partner ihrer Tochter gut verdient, sie wollen Sicherheit für ihr Kind. Sicherheit ist etwas, an das wir uns klammern wollen und was ist sicherer als das, was schon passiert ist? Genau deshalb klammern wir uns daran. Aber wie soll Gott uns etwas nehmen, das wir krampfhaft festhalten? Kann er nicht, ist klar. Wenn sich dein Leben anfühlt, als würdest du niemals Abenteuer mit Gott erleben und irgendwie schleift dein Glaubensleben nur so vor dir her, dann könnte es sein, dass du in die falsche Richtung schaust. Gott hat einen Plan mit dir und deinem Leben. Er hat etwas für dich vorbereitet, aber das liegt in der Zukunft. das liegt vor dir. Du kannst schlecht nach vorne gehen, wenn du nach hinten schaust.

"Brüder, ich halte mich selbst nicht dafür, dass ich es ergriffen habe; eines aber [tue ich]: Ich vergesse, was dahinten ist, und strecke mich aus nach dem, was vor mir liegt,"
Philipper 3, 13

Paulus sagt hier ganz klar, dass er noch nicht am Ende seiner Reise ist. Er sagt, dass er noch auf dem Weg ist. Man muss vorangehen. Gott hat einen Plan, das hat Paulus verstanden und dem möchte er nachjagen (vgl. Philipp 3,12). Paulus hat noch etwas Wichtiges verstanden, dass wir begreifen müssen, damit wir durchstarten können mit Jesus. Damit wir das neue Leben in vollen Zügen leben können. Wir müssen uns ausstrecken, nach dem, was vor uns liegt und das Vergangene vergessen. Der Weg, den du gegangen bist, der ist gegangen und du kannst nichts ändern an den Schritten, die du gegangen bist. Du kannst jetzt nur entscheiden, ob du nach hinten blicken möchtest oder dich austreckst nach dem, was vor dir liegt und voran schreitest in deinem Leben mit Jesus. Ich möchte es dir verdeutlichen mit einem abenteuerlichen Bild. Wenn du auf ein Abenteuer möchtest und die Schätze finden möchtest, die Jesus für dich und dein

Leben vorbereitet hat, dann brauchst du ein Schiff, das bereit ist, in den Horizont hinauszusegeln. Alles ist bereit. Das Schiff ist gemacht, die Crew ist an Board und die Karte ist bei deinem Navigator in guten Händen. Du stehst noch am Strand. Du schaust nicht auf das Meer, nicht auf den Horizont. Du guckst dir den Strand an. Du siehst die kaputte Sandburg der Kinder, die du aus Versehen umgetreten hast. Du siehst den Kratzer im Auto auf dem Parkplatz. Du hast gegen einen Stein getreten, als du sauer warst und hast das Auto getroffen. Du siehst das Pärchen, das aus dem Wasser kommt und meckert, weil irgendjemand Sand auf ihr Handtuch getreten hat. Wer das wohl war. Du. Warum, keine Ahnung? Du kannst nichts ändern, an dem was geschehen ist, aber du schaust und siehst nach hinten.

Nachdem ich meinen Blick geändert habe und die Vergangenheit lossgelassen habe, sind mir die ganzen Dinge aufgefallen, die Gott in meinem Leben tut. Ich war wieder bereit für neues, für mein neues Leben mit Jesus. Das Schiff wartet, du musst dich nur umdrehen und auf den Horizont blicken, um das zu finden, was Gott für dich und dein Leben vorbereitet hat. Bist du bereit dafür? Oder willst du weiter auf den Strand schauen?

Die Vergangenheit fühlt sich manchmal an wie eine Kette, die uns festhält. Schwere Ketten, die unüberwindbar scheinen. Kennst du das Gefühl? Diese eine Sache, die du gemacht hast, hält dich fest. Sie fesselt dich förmlich. Die Gnade Gottes ist schön und sein Plan auch. Mag sein, dass er dich liebt, aber diese Sache hat dich im Griff. Es kommen Gedanken hoch, dass du niemals frei wirst, weil du das und das gemacht hast. Kennst du solche Gedanken? Kennst du das Gefühl, dass du niemals Freiheit erleben wirst?

"Christus hat uns befreit, damit wir als Befreite leben. Bleibt also standhaft und lasst euch nicht wieder in ein Sklavenjoch spannen!"
Galater 5, 1 (NeÜ,bibel.heute)

Wir sind befreit! Was tun Befreite? Sie leben in Freiheit. Ich kenne das Gefühl, wenn man sich alles andere als frei fühlt, weil die Vergangenheit so auf einem lastet. Aber ich will dich ermutigen. Jesus ist gestorben, um uns frei zu machen - also auch dich. Nichts, das du getan haben könntest, ist so heftig, dass es für Gottes Freiheit nicht ausreicht! Aber wieso laufen dann so viele Menschen noch mit Ketten herum? Wieso gibt es so viele Christen, die diese Ketten umhaben? Also es gibt zwei Typen von Menschen, die diese Ketten tragen. Einmal die Menschen, die gar nicht wissen, dass Jesus sie frei gemacht hat. Und die Menschen, die die Ketten selber festhalten.

Die Menschen, die nicht wissen, dass sie befreit worden sind, findet man überall. Auch in sehr lebendigen Gemeinden kann es passieren, dass einem so jemand begegnet. Wie kommt das aber zustande? Sonntags ist ihr Tag, wo sie Beziehung zu Jesus pflegen sonst nicht. Sie lesen auch nicht die Bibel. Wieso auch? Der Pastor liest ja sowieso vor, was drin steht. Wenn du dich nicht damit auseinandersetzt, wem du da folgst und vor allem, was er für dich getan hat, wie willst du wissen, dass die Ketten gesprengt wurden, die du da umher schleppst? Gott hat einen guten Plan und nur gute Gedanken. Das ist schön, bringt nur nichts, wenn du es nicht weißt. Jesus hat viel für uns getan, aber das sollte man auch wissen, damit man es annehmen kann. Falls du das jetzt liest und sagst: Das wusste ich nicht. Dann will ich dich ermutigen in dem Buch zu lesen, woraus der Pastor da vorliest. Es ist nicht schlimm, unwissend zu sein. Es ist nur schlimm, unwissend zu bleiben. Wenn du dir bewusst machst, dass deine Ketten gesprengt wurden, wird es viel leichter, sie abzulegen.

Vielleicht ist dir das bewusst, dass deine Ketten gesprengt wurden, aber irgendwie sind sie noch da. Du hältst sie fest. PUNKT! Ich wünschte, ich könnte dir etwas Schöneres berichten, aber so ist es. Du hältst deine Ketten fest. Du hältst deine Vergangenheit fest. Ich kenne deine Sünden nicht, aber ich weiß wie es ist, wenn man diese Sünden nicht vergessen will. Du hältst die Ketten fest, weil du die Freiheit nicht nehmen möchtest. Erkauft ist sie schon, aber man muss sie auch nehmen. Die Vergangenheit loszulassen ist nicht immer einfach und es gibt mehrere Gründe, warum wir die Ketten nicht loslassen wollen. Wenn du deine Ketten loslassen willst, kommt das Konzept der Vergebung zum Tragen. Jesus ist der Kettensprenger, in dem er für deine Sünde gestorben ist. Also, wenn du deine Sünde festhältst, die du in deiner Vergangenheit getan hast, dann fang an sie zu bekennen und die Vergebung anzunehmen. Einfach, oder? Vielleicht ist es aber auch etwas, dass dir angetan wurde, dann solltest du vergeben, um dein Herz in dieser Angelegenheit heilen zu lassen. Vergeben und lass dir Vergeben! Für die Vergebung ist Jesus gestorben und so kommt die Freiheit in unser Leben, die er uns erkauft hat. Was ist aber, wenn wir immer noch die Kette tragen? Was ist, wenn wir immer noch angeklagt werden, obwohl wir beides gemacht haben? Es kann auch sein, dass du beides tun musst. Klingt merkwürdig. Klar, wie auch? Wie soll ich etwas vergeben, was ich getan habe oder wie soll ich bekennen, was jemand anders tat. Es gibt eine Person, die dir immer wieder vorhält, was du getan hast. Du hast schon alles bekannt und dich vielleicht auch entschuldigt bei denen, denen du leid zugefügt hast. Und doch wollen die Ketten nicht gehen. Du musst bekennen und vergeben, dem der dich anklagt. Wer das ist? DU! Wie häufig stehen wir in Ketten, weil wir uns selber anklagen, uns die Schuld zuweisen und uns selber nicht vergeben können. Kurz eine Frage an dich, bevor du mit mir diskutieren möchtest. Woher nimmst du dir das Recht, jemanden zu verurteilen, dem Gott alle Schuld vergeben hat? Wie kommst du darauf, dass Gottes Opfer nicht ausreicht für dich? Wer hat dich zum Richter ernannt? Siehst du also, nachdem du nun alle Argumente verloren hast, geh kurz in dich und frage dich selbst, in welchen Dingen du dir selber vergeben musst. Wie das geht? Genauso wie bei anderen. Im Anhang gibt es ein paar Hilfestellungen. Sich selbst zu vergeben, ist genauso wichtig, wie anderen zu vergeben, denn wir haben das Recht der Anklage nicht.

Wenn wir die Ketten losgelassen haben und uns ausstrecken nach dem, was vor uns liegt, dann können wir auch anfangen zu beten, dass Gott uns die Bilder und Erinnerungen nehmen soll. Wenn du das betest und bereit bist, dass er sie dir nimmt, dann werden die Erinnerungen und Bilder von Zeit zu Zeit weniger. Vergib dir immer wieder selbst, wenn du merkst, dass eine Anklage hervorkommt. Es kann weh tun, Erinnerungen und Bilder zu verlieren, aber manchmal braucht unser Herz das, um zu heilen. Sei dir bewusst, was es bedeutet, das zu beten! Ich bat Gott darum, weil die Sünden meiner Vergangenheit mich in immer mehr Sünde zogen und mich mit Schmerz erfüllten, aber ich habe auch eine Person mit gelöscht und alle Bilder und Erinnerungen an sie. Bist du bereit dafür? Bist du dir der Konsequenzen bewusst? Und bist du bereit, etwas ganz Persönliches herzugeben?

Um Missverständnisse vorab aus dem Weg zu räumen, möchte ich dir deutlich machen, dass sich selbst zu vergeben, eine Form davon ist, Vergebung anzunehmen. Gott kann Schuld vergeben und er hat uns freigekauft. Es geht hier darum, es bildlich zu verdeutlichen und sich selbst zu vergeben. Das kann sehr gut helfen. Bitte versteh mich nicht falsch und vergib dir nicht deine eigenen Sünden, denn das kann nur Gott. Vergib dir das, was Gott dir vergeben hat und womit du dich selbst immer noch anklagst. Ich hoffe, dass du spätestens jetzt verstanden hast, was "sich selbst vergeben" bedeutet. Also denk dran:

"Sich selbst vergeben" = "Gottes Vergebung annehmen"

Die Sache mit dem "Fühlen"

Durch Jesus wird uns ein neues Leben geschenkt. Das war Gottes Plan, ein Leben im Geist, wie Paulus es formuliert. Dieses neue Leben gibt uns die Möglichkeit, nachzufolgen. Jesus von Herzen nachzufolgen. Ich weiß, darüber habe ich dir schon einiges erzählt, aber in diesem Kapitel geht es um dein Herz. Falls du dich erinnerst, habe ich dir von der Mauer erzählt, die wir um unser Herz aufrichten. Diese kühle und harte Art ist typisch für unsere Welt, aber nicht vorteilhaft, wenn man von Herzen Jesus nachfolgen möchte. Der Prophet Hesekiel spricht auch von unseren Herzen und davon, was Gott mit unseren Herzen machen möchte.

"Ich werde ihnen ein einiges Herz geben und einen neuen Geist, und ich entferne das versteinerte Herz aus ihrer Brust und gebe ihnen ein Herz aus Fleisch und Blut,"
Hesekiel 11, 19 (NeÜ, bibel.heute)

In dieser wirklich wundervollen Bibelstelle finden wir drei Punkte, die wir uns genauer anschauen wollen. Lass uns mit dem „einigen Herz" anfangen. Was bedeutet „einig"? Was hat das zu bedeuten? Wie ist das gemeint? Vielleicht kennst du das Wort „einig" aus Streit oder Konflikten, wenn man sich danach einigen möchte. In Diskussionen ist, sich einig zu sein, ein Begriff dafür, dass man eine ähnliche oder gleiche Meinung vertritt. Also,

„einig" hat etwas damit zu tun, dass man auf einen gemeinsamen Beschluss kommt. Ein „einiges Herz" bedeutet demnach, dass wir ein gleich schlagendes Herz bekommen sollen. Wenn wir als Gemeinde Christi ein einiges Herz haben, hilft es uns, an einem Strang zu ziehen, damit wir gemeinsam Jesus ähnlicher werden können. Es geht nicht mehr nur um einen selbst, sondern um die Gemeinschaft als Brüder und Schwestern in Christus. Ein einiges Herz bedeutet, dass wir nicht mehr unseren eigenen egoistischen Sehnsüchten nachjagen, sondern für die Gemeinde Christi einstehen und uns an Gottes Willen orientieren. Ein Herz, das dem gleichen Herrn von Herzen nachfolgt. Also: Das einige Herz, das uns Gott schenken möchte, soll uns miteinander verbinden – als Kinder Gottes. Ein Herz, das gemacht ist, um Jesus von ganzem Herzen nachzufolgen und den Willen Gottes zu tun. Gott möchte uns das Herz geben, das wir brauchen, um all diese Gebete von Herzen und in vollem Bewusstsein zu beten. Einfach toll! Er hilft uns, damit es uns leichter fällt und wir unseren Fokus noch besser auf ihn richten können. Wie bekommt man jetzt aber dieses Herz? Was brauche ich dafür?

Es heißt, dass wir ein versteinertes Herz haben. Das macht uns egoistisch und lässt uns danach handeln, was für uns selbst im ersten Augenblick am besten erscheint. Es schaut auf die eigenen Sorgen und lässt Mitleid nur schwer zu. Es birgt Zorn, Hass, Eifersucht, Neid, Lust und Lügen. In solch einem Herz fühlt sich der Feind wohl. Ein Herz aus Stein ist tot. Jesus hat den Tod besiegt, damit wir Leben haben. Durch seinen Geist hat er uns lebendig gemacht. So wie Gott es gesagt hat, möchte er uns ein neues Herz geben. Ein Herz aus Fleisch und Blut. Ein lebendiges Herz. Hier ist nicht von deinem Körperorgan die Rede, sondern von deinem Inneren – der „Ort", in dem deine Gefühle, Gedanken, dein Glaube, dein Ich ... verankert sind.

„Herr, nimm mir mein steinernes Herz und schenk mir eines aus Fleisch!"

Wie schön dieses Gebet auch ist – es ist trotzdem wohl zu überlegen, ob wir es beten wollen. Ich weiß, dass da ein Haken kommt – hast du dir schon gedacht. Ich habe angefangen, dieses Gebet zu beten, nachdem ich diesen Vers gehört habe. Ich habe gemerkt, dass mein Herz kalt ist und versteinert. Ich habe mir dieses lebendige Herz gewünscht und wollte mich richtig lebendig fühlen können. Es ist wie mit der Mauer – falls du nicht mehr weißt, von welcher ich spreche, hier die Einladung, Kapitel 5 erneut zu lesen. Nicht jedem versteinerten Herz fällt es schwer, Gefühle zuzulassen, aber bei meinem war es so. Nur was uns an diesem lebendigen Herzen bewusst werden muss, ist, dass es Schmerz neu erlebt. Der Schmerz bei einer Zielverfehlung, wenn du einen Rückfall hattest im Thema Sünde oder schon wieder gekifft hast, obwohl du Gott angefleht hast, frei zu werden, trifft ein lebendiges Herz ganz anders und vor allem stärker. Ein lebendiges Herz ist da, um Jesus zu lieben und zu folgen. Natürlich tut es mehr weh, wenn wir Momente erkennen, in denen wir ihn aus den Augen verloren haben.

> "Als ich anfangs um dieses Herz gebetet habe, habe ich zuerst nichts gemerkt. Alles hat sich gleich angefühlt und Gefühle zeigen konnte ich auch nicht. Aber Gott hat gewirkt. Er hat ganz langsam mein versteinertes Herz durch eines aus Fleisch ersetzt. Ich bin im Nachhinein sehr dankbar für das Tempo, das Gott gewählt hat. Hätte er es auf einmal getauscht, wäre ich wahrscheinlich an dem

Schmerz kaputtgegangen. Mit Gefühlen kommen auch die Schmerzen wieder, die man fühlt. Ich hatte einmal auf einer Konferenz einen Moment, der mich sehr verletzt hat, und das habe ich gefühlt. All die guten und schönen Gefühle sind großartig und fühlen sich wundervoll an, aber der Schmerz kommt auch mit. Ich habe weinend auf Knien zu Gott gebetet. Es tat weh, und das kannte ich nicht. Nicht mehr. Aber es war ein guter Zeitpunkt, denn ich war bereit, das zu fühlen. Ich freue mich sehr über die Freude an Jesus und auch über die Liebe zu Jesus, die ich fähig bin zu fühlen – dank dem neuen Herzen. Für die Schmerzen bin ich auch dankbar, denn sie zeigen mir immer wieder, dass mein Herz lebendig ist."

Wir kennen unsere Sünden und erkennen sie auch, wenn wir sie tun. Wir wissen, wenn wir die Warnungen des Heiligen Geistes ignoriert haben. Bist du bereit für ein Herz aus Fleisch, das Jesus liebt und auch schmerzt, wenn wir uns wegdrehen und der Welt nachlaufen? Mit diesem Gebet kommt eine ganz neue Fülle an „Gefühlen" in dein Leben – aber auch der Schmerz. Du bist berufen, Jesus zu lieben und ihm von ganzem Herzen zu folgen. Dein Herz soll ihn lieben und ehren. Willst du dieses einige Herz haben, um in Gemeinschaft in deinem Glauben und in deiner Beziehung zu Jesus zu wachsen? Bist du bereit für Schmerzen? Bist du bereit für ein lebendiges Herz aus Fleisch und Blut?

Gegenteil-Tag

Hast du dich schon mal mit dem Thema „Ehrfurcht" beschäftigt? Nein? Ich mich auch nicht, zumindest eine lange Zeit nicht. Was soll das überhaupt heißen? Geht es um Angst haben? Angst vor Gott, dem liebenden Vater im Himmel? Ich denke, genau das ist es nicht! Aber was bedeutet das denn? Je nach Übersetzung findet man Formulierungen wie: „Die Furcht des Herrn" oder „Fürchte den Herrn", aber wenn es hier nicht um Angst geht – um was geht es denn dann?

Hattest du schon mal einen Moment in deinem Leben, wo du so beeindruckt warst von etwas, dass es dir die Sprache verschlagen hat? Merk dir das kurz einen Augenblick. Hattest du schon mal einen Moment, in dem du dich gefürchtet hast? Nachts alleine unterwegs oder Ähnliches? Dieses unbehagliche Gefühl? Ja? Gut, merk dir das auch mal: Wenn du jetzt diese Gefühle kombinierst, bist du nah an dem Gefühl der Ehrfurcht dran. Es fühlt sich ähnlich an wie Furcht, nur ohne die Kälte, sondern mit Wärme. Es fühlt sich gut an, und man staunt am ganzen Körper. Keine Ahnung, ob du das nur in der kleinsten Art und Weise nachvollziehen kannst, aber ich denke, das beschreibt es ganz gut – zumindest, was ich erlebt habe. Gott ist größer als alles andere, das wir kennen und uns vorstellen können. Er ist alles und kann alles. Er ist einfach imposant, und wenn du ihn dir auf seinem Thron vorstellst, wie er beschrieben wird in der Bibel, kommt dir ein Gefühl über – so, wie ich es versucht habe zu beschreiben.

Wenn wir jetzt grob verstanden haben, was Ehrfurcht bedeutet, können wir darüber reden, was es jetzt genau aussagt, Gott zu fürchten. Gott zu fürchten hat etwas damit zu tun, anzuerkennen, dass er größer ist und einen besseren Plan hat. Ehrfurcht bedeutet, ihm nicht zu widersprechen, wenn er dir etwas sagt oder aufträgt. Es heißt, ihm zu vertrauen und nach seinem Willen zu leben. Du merkst: Gottes Willen über den eigenen zu stellen, zieht sich durch das gesamte Buch. Du hast vielleicht gehofft, dass man das überspringen kann, aber es ist auch hier ein Schlüssel.

> *"Mein Bund mit ihm war Leben und Friede, und ich verlieh ihm beides, damit er [mich] fürchtete, und er fürchtete mich auch und hatte Ehrfurcht vor meinem Namen."*
> *Maleachi 2, 5*

Hier wird vom Bund mit Levi gesprochen. Der Prophet Maleachi verkündet, dass dieser ein vorbildliches Leben geführt hat und viele zur Umkehr brachte. Er hat also Gottes Willen getan. Er hat auf das gehört, was Gott geboten hatte, und hat danach gelebt. Hier kann man sehen, woraus ein gottesfürchtiges Leben besteht: aus Gottes Willen achten und tun, wie auch aus dem Vertrauen auf das, was Gott sagt. Vertrauen ist genauso ein wichtiger Baustein in der Ehrfurcht. Ich bin klein, aber mein Gott ist groß. Es gilt, dies zuerst zu erkennen und dann darauf zu vertrauen, dass es genau so ist. Gott ist größer, und ihm vertraue ich. Bist du bereit, das zu sagen und zu leben?

Du fragst dich sicher: Was hat das mit Beten zu tun? Nun ja, es gab mal ein Gebet, das ich beten wollte, und das ging so:

"Vater im Himmel, ich weiß nicht, was Ehrfurcht ist. Ich habe es zwar irgendwie verstanden – ganz grob –, aber wie kann man das leben? Wie kann ich es so leben, wie es dir gebührt? Bitte, Herr, lehre mich Ehrfurcht!"

"Lehre mich Ehrfurcht!"

Ein starkes Gebet – und es ist wirklich wichtig und bringt uns auch voran in unserem Glauben, aber es bringt auch einiges mit sich. Erinnerst du dich an die Geschichte mit dem Mädchen im Zug? Falls nicht, blätter nochmal zurück – ich tippe das jetzt nicht nochmal ab. Da hieß es: Gottes Willen tun, also ehrfürchtig sein. Ihm vertrauen. Einfach machen, ohne Diskussion. Gott lehrt gern praktisch. Also, wenn du so betest, wird er dir kein Lehrbuch vor die Füße werfen, sondern dich lehren – auf praktische Art und Weise. Wie in diesem Beispiel von mir, wo ich Ehrfurcht zeigen konnte. Es gibt Tugenden des christlichen Lebens – wie Ehrfurcht, Demut und Glauben – die wachsen und gedeihen können und um die wir auch beten können. Aber wir sollten uns bewusst machen, was das heißt und worauf wir uns einlassen. Gott nimmt unsere Gebete ernst und stellt uns vor solche Situationen, weil er genauso ein Interesse daran hat, uns wachsen zu lassen. Willst du wachsen? Willst du Ehrfurcht lernen und herausfinden, was Ehrfurcht bedeutet und wie man sie lebt? Dann bete gern dieses Gebet. Ich will dich wirklich ermutigen, aber bitte denk darüber nach, was es heißt und was alles auf dich zukommen kann. Es wird gut – aber manchmal eben auch herausfordernd. Also: Pass auf, was du betest!

Demut ist auch eine dieser christlichen Eigenschaften, von denen häufig gesprochen wird. Es wird gesagt, wir sollen ein demütiges Leben führen und demütig sein. Am einfachsten ist es, Gott zu sagen, dass er uns Demut lehren soll. Ein schönes Gebet. Zumindest in der Theorie. Denn genau wie bei der Ehrfurcht schenkt Gott uns nicht einfach Demut oder gibt uns ein detailliertes Buch darüber, sondern er lehrt es uns gerne praktisch und bringt uns in Situationen, in denen wir Demut beweisen können. Aber was ist Demut denn eigentlich? Ich glaube, es ist sehr wichtig, Dinge zu verstehen, um die wir beten. Der Apostel Petrus hat einen sehr guten Satz geschrieben, aus dem man sehr gut lernen kann, was Demut ganz praktisch umgesetzt ist:

> *"Ebenso ihr Jüngeren, ordnet euch den Ältesten unter; ihr alle sollt euch gegenseitig unterordnen und mit Demut bekleiden! Denn »Gott widersteht den Hochmütigen; den Demütigen aber gibt er Gnade«."*
> *1. Petrus 5, 5*

Erstmal finden wir hier einen guten Grund, weshalb wir uns um einen demütigen Lebensstil bemühen sollten: Er gibt den Demütigen Gnade. Schön. Einfach schön. Gottes Gnade ist einfach alles für uns. Daraus resultiert unsere Errettung und dadurch wurden wir frei gemacht. Hochmütige bekommen diese Gnade laut dieser Stelle nicht. Das klingt erstmal sehr hart –

aber wenn wir verstehen, was Demut bedeutet und von was für Hochmut gesprochen wird, merken wir schnell, was gemeint ist. Aber kommen wir zurück zur Demut. Was ist das denn jetzt genau? Hier wird es im Gegensatz zu Hochmut aufgeführt. Also: Wenn wir es als Gegenteil betrachten, verstehen wir es vielleicht am besten.

"Hochmut kommt vor dem Fall."

Ein sehr bekanntes Sprichwort – und sogar biblisch. Wir finden es in den Sprüchen, Kapitel 16, Vers 18. Was macht denn hochmütige Menschen aus? Sie denken, sie wären etwas Besseres und schaffen alles alleine. Sie achten auf sich selbst und nehmen sich selbst als Mittelpunkt ihrer Welt. Dir fällt bestimmt noch mehr ein, aber ich denke, das reicht erstmal, um zu erkennen, was für Kernelemente zu Hochmut gehören. Stolz, Egoismus und Eigennutz sind Wörter, die mir direkt einfallen, wenn ich an Hochmut denke. Mit diesem Arsenal an Begrifflichkeiten können wir ja mal überlegen, wie viele von ihnen mit dem bisher Gelernten und Gebeteten im Konflikt stehen. Der Fokus auf Jesus ist hier nicht zu erkennen. Nächstenliebe genauso wenig. Gottes Willen zu tun ist auch etwas, was mit so einem Verhalten schwierig zu vereinbaren ist. Jesus erzählt ein Gleichnis von einem Zöllner und einem Pharisäer. Man erkennt deutlich diese Unterschiede, die ich versucht habe, hier zu verdeutlichen.

"10Es gingen zwei Menschen hinauf in den Tempel, um zu beten, der eine ein Pharisäer, der andere ein Zöllner. 11Der Pharisäer stellte sich hin und betete bei sich selbst so: O Gott, ich danke dir,

dass ich nicht bin wie die übrigen Menschen, Räuber, Ungerechte, Ehebrecher, oder auch wie dieser Zöllner da. 12Ich faste zweimal in der Woche und gebe den Zehnten von allem, was ich einnehme! 13Und der Zöllner stand von ferne, wagte nicht einmal seine Augen zum Himmel zu erheben, sondern schlug an seine Brust und sprach: O Gott, sei mir Sünder gnädig! 14Ich sage euch: Dieser ging gerechtfertigt in sein Haus hinab, im Gegensatz zu jenem. Denn jeder, der sich selbst erhöht, wird erniedrigt werden; wer aber sich selbst erniedrigt, der wird erhöht werden."
Lukas 18, 10–14

Die Gnade Gottes ist ein Geschenk an uns, das wir nur annehmen müssen. Wenn jemand denkt, dass er unfehlbar ist – so wie es häufig der Fall ist bei hochmütigen Menschen –, wird es schwierig, etwas anzunehmen, das auf Bedürftigkeit aufbaut. Wir brauchen Gnade, weil wir nicht perfekt sind und Fehler machen. Das ist eine Erkenntnis, die sozusagen eine Voraussetzung für Gnade ist, denn wie möchtest du etwas annehmen, von dem du denkst, dass du es nicht brauchst? Siehst du? Also, um zur Demut zurückzukehren: Demut beinhaltet also gegenteilige Aspekte und Eigenschaften. Ein Punkt aus dem Vers, der dir vielleicht sogar bekannt vorkommt, ist das Unterordnen. Sich einander unterzuordnen bedeutet, sich selbst zurückzunehmen und auf die anderen zu schauen. Erinnerst du dich an den Satz: „Wenn jeder an sich selbst denkt, ist an alle gedacht"? Es geht darum, gezielt sich selbst zurückzunehmen und auf die anderen zu schauen und demnach zu handeln.

"ordnet euch einander unter in der Furcht Gottes!"

Epheser 5, 21

Im Epheserbrief schreibt Paulus auch darüber, dass wir uns einander unterordnen sollen – und zwar in Ehrfurcht. Interessant zu wissen, dass Demut und Ehrfurcht gar nicht so weit voneinander entfernt sind. Wir sollen uns Gott unterordnen und seinen Willen tun – heruntergebrochen ist das Ehrfurcht. Wir sollen uns den Menschen unterordnen und ihnen dienen – auf der einen Seite Gottes Wille, auf der anderen auch Demut. Sich selbst nicht so wichtig zu nehmen und auf andere zu achten und zu dienen, ist Demut. Wenn du das machst, aber nur weil du musst, wird es sich kaum zu einem demütigen Lebensstil entwickeln. Demut ist die Herzenseinstellung, die dahintersteckt. Ein Dienen und Geben. Ein Für-andere-und-sich-selbst-Zurücknehmen – ohne Anerkennung oder anderes dafür zu bekommen, sondern aus freiem Herzen – ist Demut. Demütig leben ist ehrfürchtig leben. Um das einmal in einen komplizierten Satz zu verpacken:

"Demütig und ehrfürchtig zu leben bedeutet, aus Liebe zu unserem Herrn Jesus Christus seinen Willen zu tun, sich ihm und anderen unterzuordnen, zu dienen und Gutes zu tun – aus freiem Herzen, ohne Gegenleistung oder Applaus zu verlangen."

In meiner Gemeinde gibt es jemanden, die genau dieses Gebet gebetet hat – und wie sie Demut von Gott lernen durfte, möchte ich gerne mit euch teilen.

"Als ich seit etwa eineinhalb Jahren an Jesus Christus glaubte, stand ich noch am Anfang meiner geistlichen Reise mit ihm. In unserer Gemeinde hatten wir eine Predigtreihe über die Zehn Gebote, in der es unter anderem darum ging, Vater und Mutter zu ehren und was es bedeutet, sich unterzuordnen. Zu dieser Zeit arbeitete ich in der Kundenbetreuung eines Münzunternehmens und spürte den Wunsch, Gott näher zu kommen und Jesus ähnlicher zu werden. Durch die Predigten wurde ich ermutigt, Gott zu bitten, mich in Demut zu lehren. Also betete ich – ohne zu ahnen, was auf mich zukommen würde: „Herr, hilf mir, mich mehr zu demütigen." Ich erkannte, dass ich in der Vergangenheit oft stolz reagierte, und wollte das ablegen. Kurz nach diesem Gebet begann Gott zu wirken. Ich weiß nicht mehr genau, ob es ein Tag oder mehrere waren, aber plötzlich häuften sich herausfordernde Situationen. Ich verschlief und kam zu spät zur Arbeit. Am Telefon hatte ich ungewöhnlich viele aufgebrachte Kunden, die ihren Frust an mir ausließen. Früher fiel es mir schwer, nicht zurückzumeckern, wenn ich angegriffen wurde – doch nun wurde mir bewusst, dass Gott mir Gelegenheiten gab, Geduld und Demut zu lernen. In einer Pause ging ich aufgebracht auf die Toilette und betete entmutigt: „Gott, warum passiert das alles? Gib mir Kraft." In diesem Moment fiel mir mein eigenes Gebet wieder ein – ich hatte um Demut gebeten! Ich kehrte an meinen Arbeitsplatz zurück, und die Prüfungen gingen weiter. Erschöpft und hungrig kam ich nach Hause. Ich lebte zu der Zeit wieder mit meiner Mutter zusammen in einer kleinen Wohnung. Kaum trat ich zur Tür herein, rief sie mich zu sich und bat mich, ihr die Füße zu massieren, weil sie Schmerzen hatte. Ein wichtiger Punkt vorweg: Ich fand Füße damals absolut eklig! Sie sind nötig, ja, aber ich konnte sie nicht ausstehen. Meine erste Reaktion war ein klares „Nein!". Doch dann sagte ich zu meiner Mutter: „Warte kurz, ich komme gleich wieder." Anschließend ging ich in mein Zimmer und begann zu beten: „Herr, das kann nicht dein Ernst sein. Ich hasse Füße,die sind so ekelig! Warum soll ich das tun?" Ich rang mit Gott, bis ich schließlich sagte: „Ich werde es tun – aber nur für dich." Wieder erinnerte ich mich an die Predigt über das Gebot, Vater und Mutter zu ehren. Also ging ich zurück und erklärte meiner Mutter, dass ich es machen würde. Doch als ich ihren Fuß in die Hand nahm, drehte ich instinktiv den Kopf weg. Dann kam mir ein Gedanke: „Wenn Jesus hier läge, würde ich das auch so machen? Würde ich mich so ekeln?" Die Antwort war klar: Natürlich nicht. Also tat ich es mit einem anderen Herzen – für Jesus. Während der Massage entspannte sich meine Mutter, und wir kamen ins Gespräch über den Glauben. Gott nutzte diese Situation, um sich zu verherrlichen. Heute sehe ich Füße anders, und beim Füßemassieren führen meine Mutter und ich immer wieder tiefe Gespräche über Jesus. Gott hat mir nicht einfach Demut gegeben – er hat mich Demut gelehrt."

Ich habe schon häufiger davon gesprochen, dass Gott uns nicht einfach alles gibt, sondern uns gerne vor Herausforderungen stellt, in denen wir genau so etwas lernen dürfen. Dieses wunderschöne Zeugnis zeigt uns genau das. Wir dürfen in unserem Leben Demut, Ehrfurcht und noch viele weitere Dinge erbitten – und Gott wird uns Situationen geben, in denen wir es lernen dürfen. Es steckt natürlich noch mehr hinter Demut – und genauso auch hinter Ehrfurcht –, aber darüber kann man ganze Bücher schreiben. Ich möchte dich ermutigen, zu beten und Gott zu bitten, dich etwas zu lehren. Aber wie bereits erwähnt, finde ich, dass es wichtig ist, grob zu wissen, was Dinge bedeuten, um die wir beten. Bitte Gott und frag ihn – aber denk dran, dass er nicht immer so antwortet, wie du es dir erhoffst, und dass es auch herausfordernd sein kann, wenn er dir Situationen gibt, in denen du Demut zeigen kannst. Im Nachhinein wird es gut gewesen sein – aber davor manchmal auch hart. Ich ermutige dich, zu beten und dich darauf einzulassen.

Unglaube und Krebs

Hast du schon mal von den Geistesgaben gehört? Oder auch Gnadengaben genannt? Es handelt sich um Gaben, die uns der Heilige Geist schenkt. Nicht jeder hat alle, aber alle sind wichtig, und wir dürfen um genau diese Gaben bitten. Damit du weißt, von was ich hier spreche, hast du hier einmal die Bibelstelle aus dem 1. Korintherbrief:

> "4Es bestehen aber Unterschiede in den Gnadengaben, doch es ist derselbe Geist; 5auch gibt es unterschiedliche Dienste, doch es ist derselbe Herr; 6und auch die Kraftwirkungen sind unterschiedlich, doch es ist derselbe Gott, der alles in allen wirkt. 7Jedem wird aber das offensichtliche Wirken des Geistes zum [allgemeinen] Nutzen verliehen. 8Dem einen nämlich wird durch den Geist ein Wort der Weisheit gegeben, einem anderen aber ein Wort der Erkenntnis gemäß demselben Geist; 9einem anderen Glauben in demselben Geist; einem anderen Gnadengaben der Heilungen in demselben Geist; 10einem anderen Wirkungen von Wunderkräften, einem anderen Weissagung, einem anderen Geister zu unterscheiden, einem anderen verschiedene Arten von Sprachen, einem anderen die Auslegung der Sprachen. 11Dies alles aber wirkt ein und derselbe Geist, der jedem persönlich zuteilt, wie er will."
>
> 1. Korinther 12, 4–11

Eine Menge Gaben, wie du vielleicht merkst – neun an der Zahl. Dadurch, dass jeder andere Gaben empfängt, braucht der Leib Christi, also die Gemeinde, alle Gaben durch unterschiedliche Menschen. Eine Einheit an Menschen bildet den Leib. Vielleicht hast du schon mal davon gehört. Falls nicht, kannst du gerne selbst in der Bibel nachlesen, denn darum geht es in diesem Buch nicht! Ich möchte auch nicht über alle Gaben schreiben. Wir reden hier über Gebete und nicht über den Leib Christi oder alle Gaben des Geistes. Es geht mir um eine ganz spezielle Gabe, nach der ich mich gesehnt habe. Es geht um Glauben.

Hier wird nicht von dem Glauben gesprochen, wie wir alle ihn haben, sondern von einem übernatürlichen Glauben, der auf Gewissheit und tiefem Vertrauen basiert. Es fällt uns schwer, immer und in jedem Bereich Gott zu vertrauen. Auch seine Versprechen und Zusagen sind für uns manchmal zu schön, um wahr zu sein. Genau in solchen Momenten, wenn wir Zweifel haben und es uns schwerfällt, zu vertrauen, sehnen wir uns nach genau so einem Glauben, der festhält an dem, was Gott uns zusagt – egal, wie schlecht die Situation auch aussehen mag.

Wenn du genauer darüber nachdenkst, fallen dir bestimmt Momente in deinem Glaubensleben ein, in denen es dir schwergefallen ist zu glauben beziehungsweise zu vertrauen. Solche Momente werden uns immer wieder begegnen, und dann wünschen wir uns alle einen solchen Glauben, eine Gewissheit: Gott wird es machen. Wenn du Prediger hörst und sie erzählen auf einem Kongress mit tausenden von Leuten, was in ihrem Leben passiert, denkst du dir vielleicht: „So einen Glauben möchte ich auch haben.‟

So oder so ähnlich war es zumindest in meinen Gedanken, wenn von Wundern und ihrem Glauben gesprochen wurde. Wer möchte einem das auch verübeln? Es ist gut, sich nach einem tief verwurzelten Glauben zu sehnen.

Um genau so einen Glauben dürfen wir bitten. Einen Glauben, der tief verwurzelt und von Gewissheit geprägt ist. Wie bereits erwähnt, dürfen wir im Gebet Gott um Gaben wie Glauben bitten. Ob er uns diesen Glauben einfach gibt? Keine Ahnung – es kommt immer auf die Umstände und die Person an, die bittet. Wenn du dich erinnerst, wird dir auffallen, dass in diesem Buch einige Gebete vorgekommen sind, bei denen es gefährlich ist, sie zu beten, weil Gott es einem nicht vor die Füße legt, sondern Situationen gibt, in denen es wachsen kann.

Ich denke, dass auch Glaube etwas ist, das durch Situationen in unserem Leben wachsen kann. Solche Situationen geben uns die Möglichkeit, einen übernatürlichen Glauben zu zeigen und in unserem Herzen zu verinnerlichen. Ich sage, dass dieses Gebet gefährlich ist, weil ich es genauso erlebt habe. Ich habe Gott um solchen Glauben gebeten, und es kam eine große Herausforderung auf mich zu. Ich möchte nicht sagen, dass Gott sie mir gab und er daran schuld ist – NEIN. Ich möchte sagen, dass er diese Situation genutzt hat, um mein Gebet zu erhören. Aber damit du verstehst, von was ich spreche, möchte ich dich in eine Geschichte aus meinem Leben mitnehmen.

"Ich habe von dieser Gabe des Glaubens, von diesem übernatürlichen Glauben gelesen und habe mich danach gesehnt, Gott zu vertrauen. Ich wollte in einer Gewissheit leben, die zuversichtlich auf Gott und seinen Plan schaut. Wie jeder, der so etwas liest und sich für sich und sein Leben wünscht, bin ich ins Gebet gegangen und bat Gott um diesen Glauben. Ich habe gebetet, dass er solch einen Glauben in mir freisetzt. Ich bin am nächsten Morgen leider nicht mit diesem Glauben aufgewacht, und die darauffolgenden Tage waren nicht unbedingt anders. Ich habe weiter gebetet und versucht, diese Bitte jeden Tag an Gott zu richten. Ich weiß nicht genau, wie lang, aber ich würde auf ein halbes Jahr tippen, dass ich so weitergemacht habe. Im Februar 2024 musste ich dann ins Krankenhaus, damit mir ein geschwollener Lymphknoten rausoperiert werden konnte. Eine Woche darauf wurde ich wieder in das BWK Hamburg bestellt, damit mir die Testergebnisse erläutert werden konnten – um was es sich genau gehandelt hat. Die Ärztin nahm mich in einen Besprechungsraum und schloss die Tür. Es stand eine Packung Taschentücher auf dem Tisch. Es sah aus wie ein Zimmer, das für bestimmte Anlässe und ernste Gespräche genutzt wird. Ich saß also da und merkte an der Stimme und der sehr vorsichtigen Wortwahl der Ärztin, dass das hier kein gutes Zeichen ist und irgendwas ganz Mieses passieren wird. Sie sprach sehr ruhig mit mir und klärte mich auf sehr fachbezogene Weise darüber auf, was dort in meinem Hals gewesen ist. Es handelte sich um ein Lymphom. Sie sagte mir, dass man in dem Ding aus meinem Hals Tumorzellen gefunden hat. Sie sprach aus, was ich seit dem Moment, als sie die Tür geschlossen hatte, befürchtet hatte: „Sie haben Krebs." Es traf mich im ersten Moment sehr hart, ich konnte es nicht wirklich greifen. Es dauerte etwas, bis ich begriff, was das für mich bedeuten sollte. Ich fühlte, wie Tränen in meine Augen stiegen und meine Kehle sich zuschnürte. Ich blieb schweigsam und nickte. Sie erklärte weiter und händigte mir eine Menge an Zetteln aus. Es ist sehr überraschend, wie selbst in solchen Situationen jemand mit Bürokratie und Papierkram zugeballert wird. Ich rief viele meiner Freunde an und erzählte es ihnen. Ich mag es, mit offenen Karten zu spielen, zudem war es mir wichtig, dass sie es von mir hören. Als ich zu Hause war, waren Freunde da und ich war nicht alleine. Ich bin sehr dankbar für diesen Beistand, vor allem am Anfang. Nach einer Woche, in der die Übernachtungen meiner Freunde vorbei waren und ich wieder allein zu Hause war, begann sich etwas zu verändern. Wie jeden Morgen ging ich in den Gebetsraum, um zu beten und meine stille Zeit zu machen. Zu meiner Überraschung hatte ich keine Sorgen oder Angst. Mich überkam der Geist mit einem Glauben, wie er in der Bibel zu finden ist. Der übernatürliche Glaube wurde freigesetzt in dem Moment, in dem ich ihn am meisten gebraucht habe. Jeden Tag wuchs dieser Glaube, jeden Tag hat mich Jesus neu mit seiner Freude erfrischt. Es war eine schwere Zeit, aber dieser Glaube und diese tägliche Versorgung mit Freude haben mich durchgetragen. Ich hatte eine Gewissheit, dass ich nicht sterben werde, sondern geheilt. Es kam auch genauso, und Gott hat diese Gewissheit wahr gemacht. Er hat sein Versprechen mir gegenüber gehalten. Mittlerweile sind keine Krebszellen mehr in meinem Körper zu finden, und auch die Krankenhausbesuche haben aufgehört. Mein Glaube ist aber geblieben. In manchen Bereichen kommen manchmal Zweifel auf und manchmal plagen mich Sorgen. Aber in anderen Bereichen ist dieser Glaube – diese Gabe des übernatürlichen Glaubens – geblieben. Ich danke Gott, dass er mein Gebet erhört hat und den besten Zeitpunkt dafür ausgesucht hat."

Du bekommst nicht automatisch Krebs, wenn du um Glauben bittest, und auch nicht jeder bekommt eine schwere Situation, in der solch ein Glaube freigesetzt wird. Aber auch nicht jeder bekommt diese Gabe. Ich möchte dich ermutigen, zu beten, dass solch ein Glaube auch bei dir freigesetzt wird. Ich möchte dir allerdings auch bewusst machen, was passieren kann. Du hast von mir schon mehrfach gehört, dass solche Situationen kommen können – natürlich nicht jeder eine so heftige oder langanhaltende. Mach dir aber bewusst: Es kann auch bei diesem Gebet eine Herausforderung auf dich zukommen, bei der es heißt, zu vertrauen, auch wenn es aussichtslos aussieht. Es kann sein, dass du aufwachst und genau so einen Glauben in dir findest. Das wirst du nur herausfinden, wenn du darum bittest.

Ich möchte dir gerne von einem Gebet erzählen, das mir sehr geholfen hat. Glauben ist etwas, das schwer zu beschreiben ist. Man kann Glauben nicht greifen, und aus Zwang wächst er nicht. Genauso wenig kann man ihn vortäuschen – Glaube ist da oder nicht. Gott möchte uns nicht alleine lassen, und die Bibel ermutigt uns immer wieder, in unserem Glauben zu wachsen, damit auch unser Vertrauen in Gott und seine Versprechen wachsen kann. Ein Gebet, mit dem das geht, habe ich dir bereits geschildert. Wie schon erwähnt, ist nicht jede Gabe für jeden bestimmt, also kann es sein, dass die Gabe des Glaubens nicht freigesetzt wird. Um Glauben zu beten, ist trotzdem eine gute Sache, und auch das kann Wachstum bewirken. Die Gabe bezieht sich auf übernatürlichen Glauben. Ohne diese Gabe kann man dennoch einen starken Glauben haben, der in Gewissheit und Vertrauen gewurzelt ist.

Das Gebet, das mir geholfen hat und das ich immer wieder bete, stammt aus einer Geschichte, die wir im Markusevangelium finden:

"14Und als er zu den Jüngern kam, sah er eine große Volksmenge um sie her und Schriftgelehrte, die sich mit ihnen stritten. 15Und die ganze Volksmenge geriet sogleich in Bewegung, als sie ihn sah, und sie liefen herzu und begrüßten ihn. 16Und er fragte die Schriftgelehrten: Was streitet ihr euch mit ihnen? 17Und einer aus der Menge antwortete und sprach: Meister, ich habe meinen Sohn zu dir gebracht, der hat einen sprachlosen Geist; 18und wo immer der ihn ergreift, da wirft er ihn nieder, und er schäumt und knirscht mit seinen Zähnen und wird starr. Und ich habe deinen Jüngern gesagt, sie sollten ihn austreiben; aber sie konnten es nicht! 19Er aber antwortete ihm und sprach: O du ungläubiges Geschlecht! Wie lange soll ich bei euch sein? Wie lange soll ich euch ertragen? Bringt ihn her zu mir! 20Und sie brachten ihn zu ihm. Und sobald der Geist ihn sah, zerrte er ihn, und er fiel auf die Erde, wälzte sich und schäumte. 21Und er fragte seinen Vater: Wie lange geht es ihm schon so? Er sprach: Von Kindheit an; 22und er hat ihn oft ins Feuer und ins Wasser geworfen, um ihn umzubringen; doch wenn du etwas kannst, so erbarme dich über uns und hilf uns! 23Jesus aber sprach zu ihm: Wenn du glauben kannst — alles ist möglich dem, der glaubt! 24Und sogleich rief der Vater des Knaben mit Tränen und sprach: Ich glaube, Herr; hilf mir, [loszukommen] von meinem Unglauben! 25Da nun Jesus eine Volksmenge herbeilaufen sah, befahl er dem unreinen Geist und sprach zu ihm: Du sprachloser und tauber Geist, ich gebiete dir: Fahre aus von ihm und fahre nicht mehr in ihn hinein! 26Da schrie er und zerrte ihn heftig und

fuhr aus; und er wurde wie tot, sodass viele sagten: Er ist tot! 27Aber Jesus ergriff ihn bei der Hand und richtete ihn auf; und er stand auf."
Markus 9, 14–27

Eine spannende und berührende Geschichte von einem Mann und seinem Sohn. Was mich am meisten begeistert hat, war die Aussage des Mannes in Vers 24:

„Ich glaube, Herr; hilf mir, loszukommen von meinem Unglauben."

Wie stark diese Einsicht – aber auch das Verlangen nach mehr Glauben. Die Einsicht, dass Unglaube in seinem Leben ist und sein Herz voller Zweifel, ermutigt mich. Das ist ehrlich. Das ist aufrichtig. Das ist mein Leben. Wer erkennt sich nicht auch in diesem Mann? Irgendwo in irgendwelchen deiner Lebenssituationen wirst du dich mit diesem Mann identifizieren können. Aber genau wie er hast auch du die Sehnsucht nach mehr Glauben.

Als ich diese Geschichte gelesen habe, ist mir aufgefallen, wie einfach es sein kann. Wir sollen uns nicht mit diesem Mann identifizieren und dann fertig – sondern wir sollen auch wie er handeln. Also Jesus darum bitten und uns vor ihm eingestehen, dass wir Unglaube und Zweifel in unserem Herzen haben. Sprich es doch einfach aus – genau wie dieser Mann es getan hat:

„Herr, ja, ich glaube – hilf meinem Unglauben."

Dieses Gebet habe ich gesprochen – und spreche es immer noch. Jedes Mal, wenn ich mich in einer Situation befinde, in der Zweifel aufkommen oder es mir schwerfällt, etwas zu glauben. Es ist nicht schlimm, wenn es dir so geht. Es ist nur schlimm, wenn du es dabei belässt. Also fang an zu beten und Jesus genau das zu sagen. Lass ihn sich um deinen Unglauben kümmern, damit lebendiger Glaube in dir und deinem Leben wachsen kann.

Das Für-bitten

Wir haben schon über einige Gebete gesprochen und noch mehr gebetet. Jedes Gebet war auf einen persönlich bezogen. Die beiden, die ich dir in diesem Kapitel vorstellen werde, sprechen wir jedoch für andere. Gebete für andere nennt man im Volksmund auch Fürbitte. Fürbitte setzt sich aus den Worten „für" und „bitten" zusammen. Mit weiteren Worten kombiniert, ergibt sich „für andere bitten" oder auch „für jemanden bitten". Fürbitte ist also: für andere und ihre Anliegen zu beten. So kann ich mir gut merken, was Fürbitte ist.

Schon die Bibel lehrt uns, dass wir für andere beten sollen und dass das ein wichtiger Bestandteil unserer Gemeinde sein sollte. Paulus hat für die Gemeinden gebetet – für ihre Probleme, Anfechtungen, aber auch mit Dank für das, was Gott in ihnen tut. Wiederum haben die Gemeinden auch für Paulus und seine Mitarbeiter gebetet, um sie so zu unterstützen.

> "3Ich danke meinem Gott, sooft ich an euch gedenke, 4indem ich allezeit, in jedem meiner Gebete für euch alle mit Freuden Fürbitte tue, 5wegen eurer Gemeinschaft am Evangelium vom ersten Tag an bis jetzt, 6weil ich davon überzeugt bin, dass der, welcher in euch ein gutes Werk angefangen hat, es auch vollenden wird bis auf den Tag Jesu Christi."

Paulus trägt sozusagen diese Gemeinde mit in seinen Gebeten und unterstützt sie auch, wenn er nicht vor Ort ist. Das ist unsere Macht, das ist unsere Stärke. Das ist das, was wir Christen als Waffe haben. Nur leider benutzen wir sie zu wenig.

Wir sollten anfangen, mehr für Menschen zu beten, die uns wichtig sind – für unsere Freunde, die Gott noch nicht kennengelernt haben, und für unsere Familie, die von Jesus abgekommen ist. Dir fallen bestimmt einige Menschen ein. Genauso wichtig ist es auch, wie Paulus für seine Gemeinde und die Erweckung in der eigenen Region zu beten, damit der Leib wachsen kann.

Für so ein Gebet gibt es nicht unbedingt ein konkretes Anliegen, sondern es ist unabhängig davon. Erweckung in unserem Land ist auch ein Anliegen – aber ich hoffe, du verstehst, was ich dir damit sagen möchte – nach dem zweiten biblischen Beispiel aus einem anderen Brief von Paulus:

> *"10Er hat uns denn auch aus solch großer Todesgefahr gerettet und rettet uns noch; und wir hoffen auf ihn, dass er uns auch ferner retten wird, 11wobei auch ihr mitwirkt durch eure Fürbitte für uns, damit wegen der von vielen Personen für uns [erbetenen] Gnadengabe auch von vielen gedankt werde um unsretwillen."*
> *2.Korinther 1, 10–11*

Paulus berichtet von den Gefahren, denen er ausgesetzt war, und bedankt sich für die Gebete der Korinther. Er sagt selbst, dass sie einen Teil beigetragen haben – durch ihre Fürbitte. Es war ein Anliegen, denn sie haben von der Bedrängnis erfahren und haben für Paulus und seine Reise Fürbitte gehalten. Egal, ob es ganz konkrete Anliegen sind, eine Vorahnung von möglichen Gefahren oder etwas Allgemeines – Fürbitte ist wichtig und sollte nicht vernachlässigt werden. Eine weitere Stelle, wo wir diese Wichtigkeit erkennen können, finden wir im ersten Timotheusbrief. Paulus schreibt hier an seinen Mitarbeiter eine Ermahnung zur Fürbitte:

> *"1So ermahne ich nun, dass man vor allen Dingen Bitten, Gebete, Fürbitten und Danksagungen darbringe für alle Menschen, 2für Könige und alle, die in hoher Stellung sind, damit wir ein ruhiges und stilles Leben führen können in aller Gottesfurcht und Ehrbarkeit; 3denn dies ist gut und angenehm vor Gott, unserem Retter, 4welcher will, dass alle Menschen gerettet werden und zur Erkenntnis der Wahrheit kommen."*
>
> *1.Timotheus 2,1–4*

Die Stelle ermutigt zum Beten. Wie häufig haben wir das Gefühl, keinen Einfluss auf bestimmte Dinge zu haben – ob Politik, Mitschüler oder auch Lehrer und Vorgesetzte. Es gibt Menschen in deinem Leben, die Dinge machen oder auch sagen, die dir nicht gefallen. Was machst du in Fällen, in denen du keinen Einfluss darauf nehmen kannst? Viele von uns machen gar nichts. Aber wir haben die stärkste Macht auf unserer Seite – den stärksten

Gott. Wir können dafür beten, dass er etwas tut. Paulus ermutigt uns, für unsere Führung zu beten, denn Gott will, dass alle gerettet werden. Aber nicht nur für diese, sondern für alle Menschen. Du siehst, diese Ermutigung kommt nicht nur einmal in der Bibel vor. Für andere zu beten sollte Teil unseres Gebetslebens werden, weil Beten einen Unterschied macht – auch wenn du es nicht sofort merken magst.

Für andere zu bitten mag erst einmal nicht so gefährlich wirken – und das ist es auch nicht. Zumindest in den meisten Fällen. Zu dem ersten Gebet, das ich dir vorstellen werde, werden dir bestimmt ähnliche Beispiele einfallen, und ich bin mir auch sicher, dass es noch unzählige weitere gibt. Aber ich beschränke mich auf eins.

Bei Fürbitten – und wenn du für andere betest – solltest du immer im Hinterkopf behalten, dass du eventuell die Antwort auf ihre Gebete beziehungsweise deine Fürbitte bist. Wenn wir für andere beten, zeigt das eine Bereitschaft, die Antwort zu sein. Es kommt immer darauf an, wie und um was es sich handelt. Stell dir also immer die Frage, wenn du Fürbitte hältst:

Bist du bereit, die Antwort zu sein?

Um genauer zu verstehen, was ich meine, möchte ich dir von einem Gebet erzählen, das mit einem spannenden Zeugnis verbunden ist. Das Gebet lautet: „Herr, sende Menschen…" Ein Aufruf zur Mission und Evangelisation. Ein Gebet für die Welt und ein Schrei nach Verkündigung durch die Menschen, die an Christus und seinen Namen glauben. Herrlich! Wunderschön und ermutigend. Wir sollten alle dafür beten – am besten täglich – und so unsere Missionare und Evangelisten tragen. Wir sollten das beten, damit auch neue Menschen diese Berufung auf ihr Herz bekommen. Ob wir jetzt für bestimmte Länder oder gleich die ganze Welt beten, ist erst einmal irrelevant – wichtig ist, dass wir beten. „Sende Menschen, die das Evangelium in der Welt verkünden." So könnte das ausformuliert aussehen, und das ist meine Version, die ich gerne bete. Ich hörte auf einer Jugendfreizeit, wo ich Kleingruppenleiter gewesen bin, von diesem Gebet. Der Sprecher Gernot Elsner hat davon erzählt, wie auch er angefangen hat, dieses Gebet zu sprechen. Wie bereits erwähnt, kann es manchmal sein, dass wir selbst die Antwort auf die Fürbitte sind – und so war es auch bei ihm. Viel Spaß mit seinem Zeugnis:

"2006 haben meine Frau Sabine und ich ein Missionswerk gegründet. Unser beider Leben wurde auf einem Missionseinsatz verändert, und wir wollten eine Plattform gründen, durch die andere Menschen das Gleiche erleben können wie wir beide. Im Jahr 2011 haben wir die Idee aufs Herz bekommen, Missionseinsätze nach Mallorca zu machen. Gründe dafür waren, dass es keine Sprachbarriere gibt, die meisten Menschen entspannt sind, da sie im Urlaub sind, und sie keinen Zeitdruck haben. Angefangen haben wir mit ungefähr zehn Menschen. Wir sind die Partymeile hoch- und runtergelaufen. Wir hatten kein Konzept oder Ähnliches. Wir haben die Menschen einfach angesprochen und gefragt, ob wir für sie beten können. Entweder haben wir es direkt vor Ort gemacht oder uns ihre Anliegen aufgeschrieben und in unseren morgendlichen Meetings dafür gebetet. Es hat so gut geklappt – viel besser, als wir anfangs angenommen hatten – und wir haben uns gesagt, dass wir das unbedingt wieder machen wollen. Über die Jahre ist das Ganze gewachsen: von zehn auf zwanzig Personen. Andere haben sich mit eingeklinkt, wie befreundete Werke. So wurde dieser Einsatz über die Jahre immer größer. Uns lag die Frage auf dem Herzen, wie wir außerhalb dieser zehn Tage die Menschen vor Ort auf Mallorca erreichen können. Wir haben uns mit anderen Leitungsehepaaren zusammengesetzt und über das Thema Bibelschule gesprochen, da wir selbst – wie auch die anderen – Erfahrungen damit gemacht haben. Wir waren selbst auf einer Bibelschule und haben auch eine mit der BMS von Gospeltribe gegründet. Nach diesem Wochenende mit den anderen Ehepaaren haben wir beschlossen, diesen Traum einer Bibelschule auf Mallorca in die Tat umzusetzen. Wir hatten zwar die Bereitschaft im Herzen, direkt umzuziehen, aber auch drei Kinder, die zur Schule gingen. Wir haben gesagt: Selbst wenn wir zurzeit nicht umziehen können, dann lass uns ein Team zusammenstellen, das wir aussenden können. Unser Vertrauen lag auf Gott – für die richtigen Menschen, die Finanzen, für Anmeldungen und ein Gebäude, in dem wir das Ganze aufziehen können. Das war der Moment, in dem wir gesagt haben: „Herr, wir wollen springen." Meine Familie und ich waren auf einer Weltreise, und unter anderem waren wir auch auf Hawaii. Dort gab es einen Gebetsraum, in dem ich jeden Tag vor einer großen Weltkarte gebetet habe. Mich haben die ganze Zeit diese Gedanken beschäftigt, und ich habe immer wieder für diesen Fleck Mallorca gebetet. „Gott, ich habe keine Ahnung, wie das klappen soll, aber du hast einen Weg. Bitte lass uns dort etwas öffnen, bitte lass es geschehen, bitte Herr, sende du jemanden." Ich habe gemerkt, wie dieses tägliche Beten diesen Wunsch in meinem Herzen verfestigt hat. Ich bekam eine Gewissheit – keine Ahnung wie – aber dass das klappen kann. Deshalb habe ich die anderen eingeladen, nach Mallorca zu kommen. Der Rest ist jetzt Geschichte: dass wir jetzt dort ein Zentrum haben, dass wir innerhalb von neun Monaten Spenden in Höhe einer halben Million sammeln konnten, dass ich eine achtköpfige Crew gefunden habe, die die Schule umsetzt, dass die ersten zwei Durchgänge schon gelaufen sind, dass der Reach-Mallorca-Einsatz immer weiter wächst, dass durch diesen Einsatz auch andere Party-Zonen in der Welt erreicht werden."

Gernot hat auf Hawaii Fürbitte gehalten für Mallorca, und wie du selbst gelesen hast, ist er die Antwort auf sein Gebet geworden. Gott hat ihn benutzt, um dieses Gebet zu erhören und Mallorca zu erreichen. Es wird immer wieder Gebete in deinem Leben geben, bei denen du selbst die Erhörung bist. Es kann sein, dass du für bessere Noten deiner Geschwister betest und Gott dir aufs Herz legt, mit ihnen zu lernen. Es gibt so viele unterschiedliche Möglichkeiten. So viele Gebete und so viele Fürbitten – aber die Bereitschaft, die Erhörung Gottes zu werden, ist zahlenmäßig unterlegen.

"37Da sprach er zu seinen Jüngern: Die Ernte ist groß, aber es sind wenige Arbeiter. 38Darum bittet den Herrn der Ernte, dass er Arbeiter in seine Ernte aussende!"
Matthäus 9,37–38

Jesus ermutigt uns genau, um so etwas zu beten. Er ermutigt uns, darum zu beten, dass Menschen gesendet werden. Die Ernte ist reif. Es sind noch so viele Anliegen offen. Bist du bereit, die Antwort auf deine Fürbitte zu werden?

Am Anfang dieses Kapitels habe ich bereits erwähnt, dass es zwei Fürbitten gibt, über die ich reden möchte. Es ist gut und auch wichtig, dass wir für unsere Familie beten. Ich gehe sogar so weit, dass es eine Pflicht für Eltern ist, für ihre Kinder zu beten und sie unter den Schutz Gottes zu stellen – egal ob sie gläubig sind oder nicht, egal ob sie ausgezogen sind oder nicht, und egal ob sie gewollt sind oder nicht! Natürlich ist „Pflicht" etwas übertrieben, und eventuell ist es das auch. Aber du verstehst so besser, wie wichtig mir dieser Punkt ist. In was für einem Umfeld würden wir wohl leben, wenn unsere Eltern für uns beten würden? Das Elterngebet – wie ich es jetzt einfach mal nennen möchte – ist wichtig. Eltern, die für den Glauben ihrer Kinder beten und auf Gott vertrauen, dass er Glauben wachsen und sprießen lassen wird. Weißt du, ob deine Eltern für dich beten? Oder deine Großeltern vielleicht? Ich weiß, dass meine es nicht getan haben. Zumindest nicht, dass ich wüsste. Ich finde es toll, wenn ich höre, dass Eltern für den Glauben ihrer Kinder beten. Wer nicht, bitteschön? Aber ich finde es auch gefährlich, das zu tun. Wenn ich dafür bete, gebe ich einen Teil meines Einflusses ab. Ich kann natürlich mein Kind ermutigen, Bibel zu lesen, zu beten und zu christlichen Freizeiten zu fahren, auf Kongresse und Messen – aber ich kann es nicht zwingen.

„Es bringt nichts, wenn dein Kind deinen Glauben lebt!"

"Ich hatte mal eine Freundin. Sie war krass im Glauben unterwegs, sie hat in der Band gesungen, hat im Theaterteam unserer Freizeit Anspiele auf der Bühne gemacht und so junge Menschen für Jesus begeistert. Ich hatte lange Zeit keinen Kontakt mit ihr, und als wir uns nach langer Zeit wiedergesehen haben, fragte ich sie, wie es mit ihrer Beziehung zu Jesus läuft. Sie erzählte mir, dass sie nicht mehr im Glauben unterwegs ist. Sie erzählte mir, dass sie irgendwann gemerkt hat, dass es gar nicht ihr Glaube war, den sie gelebt hat, sondern der ihrer Eltern. Sie hatte nie selbst diese Begegnung mit Jesus – und das sorgte dafür, dass sie von ihrem Glauben abgekommen ist."

So geht es vielen, die christlich aufwachsen. Ich höre so eine Geschichte nicht zum ersten Mal. Es ist so wichtig für Kinder und Jugendliche – eigentlich für Menschen allgemein – dass sie ihre eigenen Erlebnisse mit Jesus haben und ihn persönlich kennenlernen. Dein Kind profitiert von deinem Glauben, wenn du ihn vorlebst und sie Jesus in deinem Leben erkennen – nicht, indem sie deinen Glauben versuchen zu leben. Glaube sollte nicht mit Pflichten, sondern mit Freiheit in Verbundenheit gebracht werden.

Wenn wir also für unsere Kinder beten, sollten wir immer auch dafür beten, dass Gott ihnen persönlich begegnet und uns zeigt, wie wir sie auf ihrem Glaubensweg unterstützen können, ohne in den Glauben einzugreifen. Wo ich gerade dabei bin, von Unterstützung zu sprechen, möchte ich auf etwas aufmerksam machen, das manche Eltern tun – und so gegen ihre Gebete handeln und alles andere tun als Glauben zu unterstützen. Wie gesagt, das

Gefährliche an diesem Gebet ist, dass wir einen Teil unserer Erziehung abgeben müssen, um Gott Platz zu schaffen, in unserem Kind zu handeln. Natürlich kannst du es weiterhin erziehen und sollst nicht einen komplett laissez-fairen Erziehungsstil anwenden. Ich spreche hierbei davon, einen geistlichen Raum zu schaffen, in dem Gott wirkt und wir nur passive Unterstützer ihres Glaubens werden. Diese Unterstützung besteht darin, sie zu ermutigen und ihnen Möglichkeiten zu schaffen, aber ihnen dennoch Raum zu geben, ihren Glauben zu entwickeln. Wir überlassen es Gott.

Jetzt zu dem, was dem komplett widerspricht. Vielleicht ist es dir auch schon passiert: Meine Mutter hat mir häufiger gesagt, dass ich nicht zur Jugend gehen muss, weil ich mich so schlecht benehme. Ja, ich gebe zu, ich war nicht immer der Einfachste – dennoch hat es mich sehr verletzt und in meinem Glauben zurückgeworfen. Liebe Eltern, das ist kein förderlicher Satz, wenn ihr betet, dass euer Kind zu Jesus findet und ein Leben in Beziehung zu ihm führt. Einer Freundin von mir ist etwas Ähnliches passiert. Sie hat sich frisch taufen lassen, und ich durfte sie auf diesem Weg begleiten. Gott hat zu diesem Zeitpunkt viel in ihrem Leben gemacht und an alten Verhaltensmustern gearbeitet. Er war dabei, sie frei zu machen von alten Ketten und Bindungen. Er führte sie näher an sein Herz und schenkte ihr Erkenntnis über das, was nicht so gut läuft in ihrem Leben. In genau so einer aufblühenden Zeit kam genau so ein Satz von ihrer Mutter.

„Du hättest dich doch gar nicht taufen lassen müssen – kaum bist du wieder zu Hause, bist du wieder die Alte und benimmst dich fürchterlich." Das hat ihre Mutter sinngemäß zu ihr gesagt. Wie soll ich als Kind in meinem Glauben wachsen und mich freuen an dem, was Gott in meinem Leben tut, wenn meine Eltern es schlechtreden, wenn sie es herunterziehen und mich auf mein altes Ich reduzieren? Wie soll ich im Glauben wachsen, wenn jeder Samen sofort wieder in die Erde gestampft wird? Wie, liebe Eltern? Wie? Ihr könnt es mir auch nicht sagen – oder?

Ich hoffe, du hast so etwas nicht erlebt. Falls doch, möchte ich dich ermutigen, mit deinen Eltern darüber zu sprechen. Lass sie gerne diesen Abschnitt lesen, damit sie es von einer unabhängigen und parteilosen Quelle hören können. Das Fazit soll ungefähr so lauten: Betet für eure Kinder, lasst Raum für Gottes Wirken und vertraut darauf, dass er besser weiß, welche Bereiche ihres Lebens zuerst verändert und aufgearbeitet werden müssen – und NEIN, es ist nicht immer das Verhalten! Denn da sitzt oft viel mehr, viel tiefer, als eure Kinder euch wissen lassen!

Hintertürchen und schwarze Kisten

Wir haben über eine Menge Gebete gesprochen. Ich weiß nicht, wie viele du davon gesprochen hast und auch nicht, was du mit dem machst, was du aus diesem Buch mitnimmst, aber ich möchte dich hier in dem letzten Kapitel ermutigen, die Gebete, die du kennengelernt hast, zu beten – in einem neuen Bewusstsein und der Bereitschaft für das, was Gott tun möchte. Weißt du, wir können immer einen kleinen Teil zu unseren Gebeten beitragen. Es kommt nicht immer auf Wunder an, sondern manchmal auf unsere Bereitschaft und manchmal sogar auf eigene Handlungen, um das Gebetete zu unterstützen.

Handle so, wie du betest!

Du hast eine Menge Gebete gehört und eventuell auch gesprochen, aber bist du bereit, danach zu handeln? Manche Gebete brauchen keine Handlungen, manche allerdings schon. Ich möchte dir ein Beispiel geben. Wenn du betest: "Gott, nimm mir, was mich von dir trennt", dann kann es sein – wie schon gesagt –, dass sich deine Freunde von dir distanzieren. Aber was tust du dann? Rennst du ihnen nach und verstrickst dich tiefer in eine Beziehung, die dir nicht guttut? Oder gehst du weiter mit Gott? Wenn ein Gebet erhört wird, dann halt an dem Wunder und dem Wirken Gottes fest. Es kann sein, dass Gott uns aufzeigt, dass manche Freundschaften schlecht für einen sind. Kappst du dann die Beziehung und distanzierst dich davon oder bleibst du dabei und ignorierst die Antwort auf dein Gebet? Schwierige Fragen, oder? Nach den eigenen Gebeten zu handeln ist eine schwere Sache. Gott hilft uns. Wir sind für manches einfach zu schwach – Freundschaften loszulassen, auch wenn wir merken, dass sie uns nicht guttun.

"7Und damit ich mich wegen der außerordentlichen Offenbarungen nicht überhebe, wurde mir ein Pfahl fürs Fleisch gegeben, ein Engel Satans, dass er mich mit Fäusten schlage, damit ich mich nicht überhebe. 8Seinetwegen habe ich dreimal den Herrn gebeten, dass er von mir ablassen soll. 9Und er hat zu mir gesagt: Lass dir an meiner Gnade genügen, denn meine Kraft wird in der Schwachheit vollkommen! Darum will ich mich am liebsten vielmehr meiner Schwachheiten rühmen, damit die Kraft des Christus bei mir wohne."
2.Korinther 12, 7–9

Gott ist in den Schwachen stark. Er gibt uns die Kraft, nach unseren Gebeten zu handeln. Wenn du merkst, dass es dir manchmal schwerfällt, nach deinem eigenen Gebet zu handeln, dann bitte Gott um seine Kraft. Er ist vor allem dann in dir mächtig, wenn du dich am schwächsten fühlst.

Ich möchte dir von etwas anderem erzählen, das widersprüchlich ist zu dem, was man betet. Es handelt sich um Hintertüren. Wir machen uns gerne Absicherungen und treffen Vorbereitungen für alle Fälle. Denk doch mal zurück an Corona und die Hamsterkäufe der Menschen. Ich frage mich, ob manche immer noch von diesen Nudeln essen? Naja, ich schweife ab. Du merkst – und kennst es auch –, dass man sich gerne absichert und ein Backup macht. Wenn es nicht unbedingt Nudeln sind, denk doch mal an dein Handy, an die Cloud, deine Backups deiner Chats und Bilder. Irgendwo sichern wir uns ab – für alle Fälle. Was hat das mit Beten zu tun? Nun ja, beim Beten gibt es so etwas Ähnliches. Dort ist das Backup aber nicht im positiven Sinne, sondern eher negativ: eine Hintertür zu einem alten Leben oder einer Verhaltensweise.

Stellen wir uns einen Raucher vor. Er gibt sein Leben Jesus und hört davon, dass diese Abhängigkeit schlecht für seinen Glauben ist. Er versucht also aufzuhören und schafft es ganze vier Tage. Dieser Kreislauf erfolgt ein paar Mal, bis er von dieser Stelle erfährt, dass Gott in den Schwachen stark ist. Er betet also und gesteht sich seine Schwachheit ein. Er legt es Gott ab und bittet ihn, ihm zu helfen. Seine Zigaretten schmeißt er nicht weg – er behält sie für den Notfall. Er lässt sich eine Hintertür offen. Am nächsten Morgen fühlt er sich gut und raucht keine Zigarette. Neun Tage später kommt er in Versuchung und greift zur Schachtel. Er ärgert sich und bittet Gott wieder, ihm zu helfen. Das dreht sich im Kreis. Gott hilft ihm, aber er lässt sich einen Weg zur Sucht und dieser Gewohnheit offen.

"Mein altes Leben wollte ich hinter mir lassen und habe auch Gott gebeten. Doch ich habe eine schwarze Kiste mit Dingen aus dieser Zeit auf meinem Dachboden gehabt. Ich habe gekämpft und gebetet. Ich habe Gott alles hingelegt, aber irgendwie bin ich das Alte nie ganz losgeworden, bis Gott mir aufgezeigt hat, dass es an dieser Kiste liegt – dass es daran liegt, dass ich mir eine Hintertür offengelassen habe. Ich habe sie mitsamt ihrem Inhalt weggeschmissen, und es hat mir geholfen, loszulassen und das Alte endgültig hinter mir zu lassen. Gott hat mir das häufiger gesagt, aber ich hatte immer Ausreden."

Wir lassen uns Hintertüren offen und versuchen, sie zu verteidigen, Ausreden zu finden und davon abzulenken – obwohl es viel einfacher ist, sie einfach zu entfernen. Ich möchte dich ermutigen, Hintertüren auszureißen und die Löcher zuzumauern. Gott möchte dir helfen, aber du musst es auch zulassen. Das ehrliche Sprechen mit Gott hilft dir auch. Ihm zu sagen, dass es dir schwerfällt, die Zigarettenschachtel wegzuschmeißen, kann dir helfen. Gott weiß alles und sieht alles – also bringt es nichts, ihm etwas vorzutäuschen. Mach es Step by Step und lass Gott deine Gebete erhören. Schmeiß deine schwarze Kiste weg und lass deinen Gebeten Taten folgen!

Schlusswort

Als Kind habe ich immer gesagt, dass ich einmal Autor werden würde. Gott legt Berufung schon in Kinder, und auch wenn wir das vergessen und Jahre nicht daran denken, holt er diese Berufungen ans Tageslicht, wenn die Zeit dafür gekommen ist. Ich bete dafür, dass dieses Buch dir geholfen hat und du einiges daraus mitnehmen kannst. Bewusster beten kann und wird dein Leben verändern. Bei mir war es so, und so wirst auch du es erleben. Es sei gesagt, dass es nicht immer sofort passiert, aber es wird passieren, denn an den Gott, der Gebete erhört, glaube ich. Es gibt Tage, da habe ich auch keine Lust auf Beten, aber an diesen Tagen brauchen wir das Gebet am meisten. Egal, wo du im Glauben stehst, das Wichtige ist, nicht stehen zu bleiben, sondern ihm näher zu kommen und deinen Fokus auf Jesus auszurichten. Der Start ist unrelevant, wenn du anfängst, auf das Ziel zu schauen. Ich möchte dich ein letztes Mal ermutigen:

Nimm Gott überallhin mit und sprich ehrlich mit ihm. Leg ihm alles hin, wie du dich fühlst, was in der Schule ansteht und auch das, was dir schwerfällt, ihm zu erzählen. Beten macht einen Unterschied. Also fang an, mit Gott zu reden und pass auf, was du betest!

Danksagung

Als erstes möchte ich meinem Gott danken. Danke Abba, du hast dieses Buch mit mir geschrieben. Dein Geist hat mich inspiriert. Ich durfte viele neue Erkenntnisse sammeln bei der Recherche und hatte eine Menge Spaß dabei. Gott, du bist der Beste, und nichts von all dem hier wäre ohne dich entstanden. **Dir gebührt das Lob!**

Ich möchte allen Menschen danken, die mich bei diesem Buch unterstützt haben. Danke Wiebke für deine Zeit und vor allem Geduld mit meiner Rechtschreibung und Grammatik. Danke, dass du dieses Buch lesbar und verständlich von der Sprache gemacht hast. Danke an Gernot, Artur, Paulina, Vivi, Lina und Mirjam für eure Zeugnisse. Ihr habt diesem Buch Leben eingehaucht und dafür gesorgt, dass jeder sich in der ein oder anderen Situation wiedererkennen kann. Danke auch an alle Probeleser, die sich die Mühe gemacht haben, auch mehrfach über das Manuskript zu lesen, um sicherzustellen, dass jeder meine Gedanken gut verstanden werden kann. Danke an jeden, der für dieses Projekt mitgebetet hat. Wie schon häufig in diesem Buch erwähnt, macht Beten einen Unterschied, und so habt auch ihr einen Unterschied gemacht – ob es Ideen waren oder Motivationen, Gott hat eure Gebete erhört und gebraucht. Danke Mama, dass du hinter mir stehst und mich beim Schreiben unterstützt hast. Ein großes Dankeschön an DEEEEBBIE!!!!! für dieses wundervolle Cover. Es ist genauso geworden, wie ich es mir vorgestellt habe, und du hast es auf einer Zugfahrt für mich umgesetzt. Danke auch an diejenige, die mich motiviert hat, mit diesem Buch anzufangen und nicht einfach Netflix zu schauen. Ohne dich hätte ich vielleicht nie angefangen, dieses Buch zu schreiben. Zu guter Letzt auch ein großes Danke an dich, dass du dieses Buch gelesen hast. Falls du es weiterempfehlen würdest – tu das doch gerne. Ich würde mich freuen. Und hier nochmal an alle, ob erwähnt oder nicht: **DANKE!**

Anhang

Wie du in diesem Buch schon festgestellt hast, ist Beten eine sehr gute Sache, und vielleicht wurdest du ermutigt, das eine oder andere Gebet zu sprechen. Ich weiß aber auch, dass es manchmal Momente gibt, in denen wir nicht genau wissen, was wir beten sollen oder wie wir die Dinge auf unserem Herzen in Worte fassen sollen. Hier in diesem Anhang findest du zu jedem Kapitel Gebete, die dir helfen sollen, dein Gebet zu formulieren. Du kannst sie einfach wortwörtlich übernehmen, für dich passend abändern oder gar nicht benutzen und nur als Inspiration gebrauchen. Wichtig ist auch zu erwähnen, dass es nicht darauf ankommt, wie viele Worte du benutzt oder wie lange du betest, sondern es kommt darauf an, dass du ehrlich betest und dein Herz öffnest. Also, falls du dir die Mühe gemacht hast, bis hier zu lesen, wünsche ich dir viel Spaß beim Beten – und pass auf, was du betest!

Du hast es schon gebetet!

Herr, ich will deinen Willen über meinen stellen. Hilf mir dabei, meinen Willen zurückzustellen und meine egoistischen Züge abzulegen. Wenn ich sage: „Dein Wille geschehe", will ich lernen, es genauso zu meinen. Bitte, Herr, gib mir nur die Aufgaben auf, die ich bewältigen kann, und hilf mir in diesem Bereich zu wachsen, dass dein Wille meine höchste Priorität wird. In Jesu Namen. AMEN.

Herr, hilf mir, deinen Willen zu erkennen. Zeig mir, was du für mich und mein Leben vorbereitet hast. Ich gebe dir die Erlaubnis, meine Pläne umzuwerfen, damit ich deine Pläne für mich und mein Leben verfolgen kann. Zeig mir den Weg. Heiliger Geist, du bist mein Wegweiser. Zeige mir den Weg, den du bestimmt hast, und gehe du mir voraus. In Jesu Namen. AMEN.

Sicher?

Herr, hilf mir, zu vergeben. Hilf mir und meinem Herzen, loszulassen. Jesus, in deinem Namen möchte ich vergeben. (Name einfügen), in Jesu Namen vergebe ich dir, dass du (Verfehlung eintragen). Dir ist vergeben, und so wie Gott mir vergeben hat, vergebe ich dir. In Jesu Namen. AMEN

Herr, zeig du mir auf, was ich dir bekennen kann. Heiliger Geist, komm du in all meine Lebensbereiche und zeig mir, welche Sünden ich noch verschlossen halte. Zeig mir das auf, für was ich bereit bin, und konfrontiere mich immer wieder mit meiner noch nicht bekannten Schuld. Ich will dir alles bekennen und deine Vergebung empfangen. Danke, Jesus, dass du für meine Schuld gestorben bist und dein Blut mich reingewaschen hat. AMEN

Ich möchte mein Herz heilen lassen. Bitte, Herr, zeige mir auf, was ich noch nicht vergeben habe. Hilf mir, den Groll und Schmerz von meinem Herz zu nehmen und gib mir die Kraft, Vergebung auszusprechen. So, wie du mir vergeben hast, will ich anderen vergeben. Forme mein Herz und hilf mir, diesen Wunsch in die Tat umzusetzen. Es fällt mir schwer, aber ich will vergeben. In Jesu Namen. AMEN

Fokus und Ferngläser

Jesus, du bist für meine Schuld gestorben, und ich danke dir dafür. Dir ähnlicher zu werden, ist mein Ziel. Ich will auf dich und deine Versorgung vertrauen. Herr, hilf mir, meine Sorgen abzulegen. In Jesu Namen lege ich die Sorge (um meine Familie etc., deine Sorge) am Kreuz ab. Nimm du diese Sorge auf dich und gib mir Mut, auf deine Versorgung zu vertrauen. Du wirst das machen und ich vertraue dir. In deinem heiligen Namen, Jesus. AMEN

Herr, was soll ich tun? Ich weiß nicht, was die bessere Entscheidung ist und vor allem nicht, welche Entscheidung die ist, die du für mich hast. Ich bin an einer Abzweigung, und ich brauche deine Führung, welchen Weg ich gehen soll. Soll ich (nach Kiel ziehen) oder (soll ich es lassen)? (einfügen eigener Fragen) Gott, sag mir, welcher Weg mich an dein Herz führt und deinem Willen entspricht. Ich bin bereit, deine Antwort und auch dein Nein zu hören. In Jesu Namen. AMEN

Jesus, ich will meinen Fokus auf dich ausrichten. Zeige mir alles auf, was mir im Weg steht. Gib mir die Kraft, mein Leben nach dir auszurichten, und hilf mir, auf dich fokussiert zu bleiben. In Jesu Namen. AMEN

Folgen ist aktiv!

Jesus, ich will dir von ganzem Herzen folgen. Zeig mir den Weg. Herr, zeige mir die Lebensbereiche, die mich davon abhalten. Führ du mir vor Augen, wo ich einen Lifestyle lebe, der der Nachfolge widerspricht. Ich will dir ähnlicher werden und mein Leben nach dir ausrichten. Dir zu folgen, ist mein Fokus. Schenk mir die Kraft, mein Leben zu verändern, und verändere du mich. Ich will dir folgen. In Jesu Namen. AMEN

Ablesen kommt selten gut

Gott, ich lege alles bei dir ab. Ich möchte dir mein Leben geben. Ich gebe dir alle Befehlsgewalt über mich und mein Leben. Ich trete zurück und gebe alles an dich ab. Lenke du mich und mein Leben und hilf mir, deine Wege für mich zu erkennen. Ich gebe alles ab und vertraue auf deinen Plan, der nur das Beste für mich vorhat. Ich vertraue dir. In Jesu Namen. AMEN

Herr, ich habe eine Mauer um mein Herz gebaut, und ich weiß, dass es mir zu viel ist, sie auf einmal niederzureißen. Ich will mein Herz heilen lassen und dass du mich erforschst, Herr. Bitte gib du mir Kraft und hilf mir, Stein für Stein abzutragen. Ich brauche deine Hilfe und Kraft. Ich kann es nicht ohne dich. Ich brauche dich, Jesus. In deinem Namen, reiß diese Mauer ein, Stein für Stein und Leid für Leid. Trag du mich durch, Jesus, und lass mich deine Gegenwart spüren, denn nur mit dir geht es und nur mit dir kann ich diese Mauer zerschlagen. In Jesu Namen. AMEN

Heiliger Geist, komm du in meine Gedanken und mein Herz. Zeige du mir auf, was meine Beweggründe sind. Zeig du mir, welche Dinge ich aus den falschen Gründen tue. Ich will dich ehren und verherrlichen. Prüfe du mein Herz, damit mein Inneres und mein Äußeres dich von ganzem Herzen ehren und verherrlichen. In Jesu Namen. AMEN

Dein vollgemüllter Thron

Herr, räum du in mir und meinen Gedanken auf. Nimm mir die Erinnerungen und hilf mir, meine Gedanken auf dich und deinen Willen auszurichten. Ich weiß, dass es falsch war (hier sagen, was du benennen möchtest), und hilf, davon loszukommen. Nimm du mir die Bilder und Gedanken daran. Mach du meine Gedanken frei und erfülle sie mit deinem Geist. In Jesu Namen. AMEN

Herr, zeig du mir meine Götzen auf. Lass mich erkennen, wer oder was auf dem Thron meines Lebens sitzt. Ich brauche deine Führung, um meine Götzen zu erkennen und dich auf meinen Thron zu heben. Ich bitte dich um Weisheit und Klarheit, um sie zu erkennen. In Jesu Namen. AMEN

Jesus, die Lust hält mich gefangen. Ich falle immer wieder zurück und komme nicht von Selbstbefriedigung los. Ich weiß nicht weiter. Bitte hilf mir, rauszukommen. Komm du auf den Thron meines Lebens und führe du mich hinaus. Ich möchte Frauen/Männer als Kinder Gottes ansehen und nicht als Gegenstände meiner Lust. Vergib mir, Herr, dass ich deine Kinder so betrachtet habe. Ich möchte das aufgeben und davon loskommen. In Jesu Namen. AMEN

Herr, ich habe dich als zweitrangig behandelt. Vergib mir, Vater, und nimm du deinen Platz auf dem Thron meines Lebens ein. Ich nehme mich selbst zurück und stelle deinen Willen über meinen. Ich will hören, was du zu sagen hast und so leben, wie du es möchtest. Bitte zeig mir immer wieder auf, wenn ich dich vom Thron schiebe, und zeig mir, wo meine Absichten oder Handlungen deinem Plan widersprechen. Ich bitte dich, Herr, dass du mir hilfst, dich von Herzen anzubeten und mir den Weg zeigst, um dich mit meinem Leben groß zu machen. In Jesu Namen nehme ich Jesus als meinen Herrn an und mache mich nicht länger selbst zum Götzen. In deinem heiligen und wunderschönen Namen, Jesus. AMEN

Hart aber erhört!

Jesus, was zieht mich von dir weg? Was in meinem Leben nimmt zu viel Zeit und Raum in Anspruch? Herr, bitte nimm mir, was mich von dir trennt. Ich bin bereit, Hobbys, Freundschaften und andere Dinge loszulassen. Bitte sei bei mir und lass mich deine Nähe spüren, wenn es weh tut. Ich bin bereit dafür und bereit, dir näher zu kommen und meinen Fokus voll auf dich auszurichten. In Jesu Namen. AMEN

Herr, du weißt und siehst alles. Du siehst, welche Freunde wahre Freunde sind und welche schlechte Absichten haben. Bitte gib mir die Kraft, diese Menschen loszulassen, wenn sie nichts Gutes im Sinn haben, damit du sie mir nehmen kannst. Mir fällt es schwer, das zu beten, und ja, ich habe auch Angst, dass du mir meine engsten Freunde nimmst. Bitte gib mir die Kraft loszulassen und hilf mir, dir und deinem guten Plan zu vertrauen. Ich will dir vertrauen, dass du es besser weißt als ich. In Jesu Namen. AMEN

Ich einfach "unvergeberlich"

Herr, ich halte mich an meiner Vergangenheit fest. Ich schaue zurück und es fällt mir schwer mich umzudrehen. Abba nimm du meine Hand und hilf mir, mich umzudrehen. Hilf du mir, loszulassen und die Vergangenheit, vergangen zu lassen. Ich weiß, dass ich es mit deiner Hilfe schaffe und ich bitte dich um deine Kraft. Gib du mir den Mut und zeig du mir den Weg nach vorne. In Jesu Namen. AMEN

Herr zeig du mir auf, was ich mir selber noch vorwerfe. Zeig mir, was für Ketten ich noch festhalte und zeig mir woher sie sind. Ich will deine Vergebung annehmen, aber ich merke, dass ich mich noch selber anklage. Bitte zeige du mir auf, wo. In Jesu Namen. AMEN

In Jesu Namen (dein Name) ich vergebe dir, dass (Verfehlung/Sünde eintragen). In Jesu Namen dir ist vergeben. AMEN

Ich weiß es kann komisch sein, sich in dritter Person anzusprechen, aber mir hat es so sehr geholfen. Falls du es trotzdem merkwürdig findest, formuliere es gerne um. Ich möchte dich ermutigen, die Vergebung durch Christus über dir und deinem Leben zu proklamieren. Dir ist vergeben durch das Blut von Christus und er hat dich frei gekauft.

Die Sache mit dem "Fühlen"

Himmlischer Vater, schenk du mir ein Herz aus Fleisch und Blut. Nimm du mein versteinertes Herz von mir und tausche dieses tote Herz mit einem lebendigen aus. Bitte mach es in dem Tempo, das gut für mich ist. Ich weiß, dass es weh tun kann und dass auch Schmerzen damit einhergehen. Ich bin bereit dafür und will dieses lebendige Herz spüren. Schenk du es mir, Gott, in dem Tempo, welches du für richtig erachtest. In Jesu Namen. AMEN

Gegenteil-Tag

Herr ich bitte dich, lehre mich Ehrfurcht/Demut. Komm und erfülle mich mit deinem Geist, dass ich erkennen kann, was es bedeutet, ehrfürchtig/demütig zu sein. Fülle mich mit Weisheit und Klarheit, damit ich es besser verstehen kann und zeig mir auf, in welchen Bereichen ich anfangen kann, ehrfürchtiger/demütiger zu leben. Ich bin bereit, praktisch zu lernen. Gib du mir Gelegenheiten, Ehrfurcht/Demut zu beweisen und fordere du mich heraus. In Jesu Namen. AMEN

Unglaube und Krebs

Herr, ich will Glauben. Setze du übernatürlichen Glauben in mir, meinem Herzen und meinem Leben frei. Schenk du mir die Gabe des Glaubens. Herr, dein Wille soll geschehen. Setze du frei, was du freisetzen willst und was du sagst, was ich bekommen soll. Ich bitte dich, schenk mir diese Gabe, wenn es dein Wille ist. In Jesu Namen. AMEN

Jesus, es fällt mir manchmal schwer, zu glauben. Zweifel plagen mein Herz und ich handle mehr aus dem Verstand als aus meiner Liebe zu dir. Hilf mir, Herr. Räum du auf in mir. Nimm mir die Zweifel. Ich bezeuge es vor dir Jesus. Ja, ich glaube, hilf meinem Unglauben. In Jesu Namen. AMEN

Das Für-bitten

Herr, sende du Menschen, die dein Evangelium in der Welt verkünden. Begeistere Menschen auf aller Welt, dir zu folgen und lass sie dir begegnen. Ich bitte dich, dass du die Leute, die für dich die Ernte einfahren, mit Ressourcen und deiner Kraft ausstattest. Herr, ich bin bereit, die Antwort auf dieses Gebet zu sein. Bereite mich vor und statte mich aus. In Jesu Namen. AMEN

Vater im Himmel, du siehst alles und weißt alles. Ich weiß, du siehst mein Kind. Ich weiß, du weißt, was in ihm vorgeht und was es mir nicht erzählt. Ich bitte dich um deinen Schutz und dass mein Kind dich erleben und erkennen darf. Bitte schenk ihm eine Begegnung mit dir, Jesus. Ich möchte ihm nicht meinen Glauben aufzwingen, sondern ihm ein gutes Vorbild sein. Ich will ihm zeigen, wie schön ein Leben mit dir ist. Hilf mir, dass mein Kind dich in meinem Leben erkennen kann. Ich bitte dich um deinen Schutz für mein Kind und dass du auf es aufpasst. Halte du deine Hand ausgestreckt über ihm und segne ihn. Herr, hilf mir, diesen Part an dich abzugeben, denn die Beziehung zu dir ist persönlich. Schenk mir die Kraft, dir zu vertrauen und das an dich abzugeben. In Jesu Namen. AMEN

Hintertürchen und schwarze Kisten

Gott, du hast mein Gebet gehört, so wie du auch dieses hörst. Es fällt mir schwer danach zu handeln. Ich habe Sorgen darüber, was passieren könnte. Ich bin mir unsicher, ob ich bereit bin, Veränderungen in meinem Leben zuzulassen. Ich bitte dich Herr, schenk du mir Kraft und Mut, dir und deinen guten Plänen für mich zu vertrauen. Bitte steh du bei mir und hilf mir, nach meinen Gebeten zu handeln. Es fällt mir schwer, aber ich weiß, dass ich es mit deiner Hilfe und deinem Beistand schaffe. In Jesu Namen. AMEN

Herr, ich bitte dich, dass du mir aufzeigst, welche Hintertürchen ich mir offen gelassen habe. Zeige du mir, wo ich einen Weg in mein altes Leben versteckt habe und hilf mir, diesen zumauern. Reiß die Hintertür aus und mauere es zu. Hilf mir, meinen Gebeten Taten folgen zu lassen und leite du mich auf dem Weg. Gib mir die Kraft meinen Gebeten eine Endgültigkeit zu geben und mit meinen Taten diese zu bestätigen. Durch deine Kraft bin ich stark und du bist stark in meiner Schwachheit. Ich bin schwach, denn ich weiß, dass ich diese Türen nicht ohne dich schließen kann. Ich weiß aber, dass du stärker bist und in dieser Schwachheit wirkst. In Jesu Namen. AMEN